Bootstrap Referenzhandbuch

am 23en Februar, 2019 publiziert

*Dies ist ein großartiges Buch. Es stellt eine Menge **sehr hilfreicher Ressourcen zur Verfügung,** die viel Zeit in Anpruch nehmen wurden, um sie selbst zusammenzufassen.*

— *susannetic, Kundenrezension bei Amazon*

BootstrapCreative

Es ist genau wie angekündigt, **eine Auflistung der Bootstrap-Syntax, die eine nützliche Referenz beim Erstellen einer Anwendung sein kann.** *Sie könnten die Listen selbst aus dem Internet erstellen, aber wozu, wenn diese handliche Referenz es tut.*

—— *David Kirk, Kundenrezension bei Amazon*

Ich schätze den **prägnanten** *Stil des Bootstrap Referenzhandbuchs.*

—— *Charles R.*

Inhaltsverzeichnis

Meinen Jungs Marcus und Joshua gewidmet, möget ihr lernen, eure gottgegebenen Talente zu entdecken, zu entwickeln und zu teilen.
Matthäus 25:14-30

Jacob Lett ist der Autor des *Bootstrap 4 Quick Start*, und des *Bootstrap Referenzhandbuchs*. Er ist bestrebt, Webentwicklern dabei zu helfen, Zeit zu sparen und zu lernen, wie responsive Websites entworfen und erstellt werden.
www.linkedin.com/in/jacoblett/

Bootstrap Referenzhandbuch

Jacob Lett
Copyright © 2019 by Jacob Lett

Herausgeber

Bootstrap Creative
Sterling Heights, Michigan 48314
(586) 894-8024
Findet uns bei: bootstrapcreative.com

Senden Sie eine E-Mail an support@bootstrapcreative.com, **um Fehler zu melden.**

Bekanntmachung der Rechte

Bekanntmachung der Haftung

Markenzeichen

BootstrapCreative

Eingang

Das Erstellen von Websites ist heute viel anspruchsvoller und zeitaufwendiger als früher.

Einige meiner ersten Websites wurden zuerst in Adobe Photoshop® erstellt, in HTML-Tabellen exportiert (ja, Tabellen) und dann mit Adobe Dreamweaver® verknüpft. Wenn Ihre Website die Breite der gängigen Monitorauflösungen (1024 x 768 Pixel) nicht überschreiten würde, würde alles gut funktionieren.

Webstandards[1] wurden schnell eingeführt, da die Verwendung von Tabellenmarkierungen für das Rasterlayout keine bewährte Praxis ist. Daher wurden HTML-Tabellen durch Float-basierten divs und Tag-Markups ersetzt, die Bedeutung hatten, als Semantik bezeichnet. Dies hat auch dazu geführt, dass der Großteil des visuellen Designs nicht mehr in Bilder eingebettet wurde und jetzt CSS3 zum Erstellen von Rahmen, Schatten, abgerundeten Ecken usw. verwendet wird.

Das erste weit verbreitete CSS-Rastersystem war das von Nathan Smith entwickelte 960-Rastersystem (Abb. 1). Dieses 12, 16, 24-Spalten-Rastersystem wurde für eine feste Desktop-Auflösung von 1024 x 768 Pixel entwickelt. Dieses Rastersystem war weit verbreitet und half Designern und Entwicklern, mit denselben Rasterpixeldimensionen zu arbeiten.

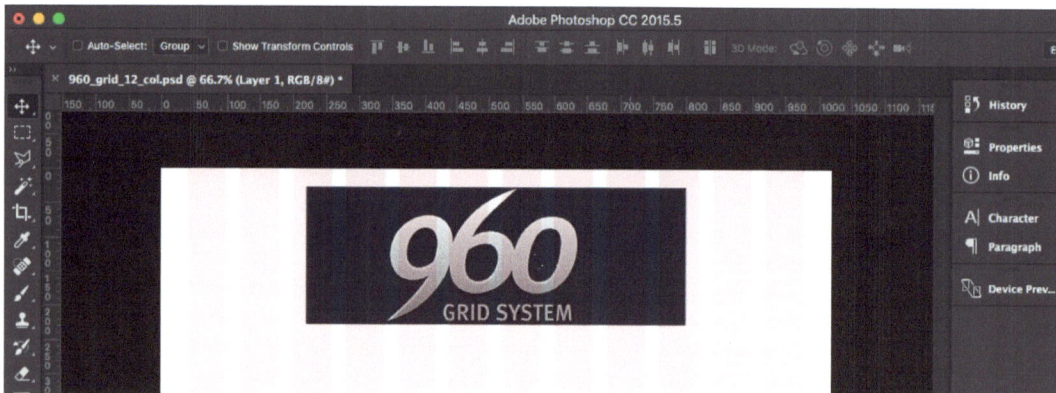

Abb. 1: Das 960-Rastersystem trug dazu bei, die Konsistenz zwischen dem Rasterdesign in Photoshop und dem Web zu verbessern.

Dann, im Jahr 2007, brachte Steve Jobs die Welt mit Multitouch-Gesten[2]. auf das iPhone. Jetzt können Benutzer von überall mit nur ihren Fingern auf Websites zugreifen.

Webdesigner und -entwickler mussten schnell kreative Lösungen entwickeln, um den neuen Anforderungen von Smartphones und Tablets gerecht zu werden.

---

1   https://www.goodreads.com/book/show/259072.Designing_With_Web_Standards

2   http://www.lukew.com/ff/entry.asp?1071

![BootstrapCreative]

Einschränkungen für Smartphones und Tablets:

- Kleinere Bildschirme
- Erhöhte Pixeldichten bei Retina-Displays
- Möglichkeit, zwischen Hoch- und Querformat zu wechseln
- Multitouch-Gesten
- Langsamere Datenverbindungen
- Abgelenkte Aufmerksamkeit des Benutzers (ein Augapfel und ein Daumen).

Das Konzept des Responsive Designs gab es anfangs nicht. Daher mussten mobile Geräte Websites verkleinern, um sie an die kleineren Bildschirme anzupassen. Um den Text zu lesen, müsste der Benutzer zweimal auf den Bildschirm tippen oder greifen und zoomen.

Website-Besitzer erkannten schnell, dass es keine gute Erfahrung war, ihre Homepage vergrößert darzustellen. Das unten stehende Meta-Tag wurde eingeführt, um diese Standardskalierung zu entfernen und dem Ersteller der Website mehr Kontrolle zu geben. Wenn dieses Meta-Tag zum <head> einer Seite hinzugefügt wird, weist es den Webbrowser an, das Dokument zu 100% zu skalieren, um ein Greifen/Zoomen auf Mobilgeräten zu verhindern.

```
<meta name="viewport" content="width=device-width, initial-scale=1">
```

Verschiedene mobile Strategien

Mobile Anwendungen

Ein Ansatz besteht darin, eine dedizierte Erfahrung als mobile App aufzubauen. Dies gibt dem Entwickler die größtmögliche Kontrolle und könnte die Komponenten der Benutzeroberfläche des Geräts nutzen und bei der Navigation helfen. Zu den Hauptnachteilen zählen: ein App-Entwickler muss viel Marketing betreiben, um den vorhandenen Datenverkehr zum Herunterladen der mobilen App zu leiten, und um die geringe Benutzerakzeptanz zu überwinden. Außerdem mussten Links zu externen Seiten in einem Webbrowserfenster geöffnet werden.

Adaptives Design

Ein anderer Ansatz besteht darin, mehrere Versionen einer Website zu erstellen und die serverseitige Erkennung zu verwenden, um dann benutzerdefinierten Code für dieses Gerät oder die Größe des Ansichtsfensters anzuzeigen.

Sie können sich dafür entscheiden, Ihre mobile Website in einer separaten Domain zu haben, beispielsweise m.domain.com. Der Server stellt dann automatisch den gesamten mobilen Verkehr zu dieser Domain bereit. Der Server kann auch die dynamische Bereitstellung von

Seiteninhalten ausführen, sodass Sie nur einen Domainnamen haben. Der Nachteil dieses Ansatzes besteht darin, dass ein komplexer serverseitiger Erkennungscode erforderlich ist und es schwieriger ist, mehrere Standortversionen zu verwalten.

Responsive Design

Responsive Design wurde eingeführt, um Designern dabei zu helfen, eine Website in einer Domäne zu erstellen, die auf das Ansichtsfenster eines Benutzers (Größe des Browserfensters) reagiert. Die beiden für ein responsives Design erforderlichen Elemente sind ein Meta-Viewport-Tag, um die Skalierung zu deaktivieren, und Medienabfragen, um das Design zu ändern, wenn die Seite kleiner wird. Responsive Design ist viel billiger und einfacher zu warten als die anderen mobilen Strategien. Dies hat zu seinem schnellen Wachstum und seiner Akzeptanz beigetragen.

Eine große Herausforderung beim Responsive Design besteht darin, ein Gleichgewicht zwischen den Inhaltsanforderungen für Mobilgeräte und Desktops zu finden. Eine Desktop-Site verfügt über viele visuelle Objekte, die häufig mit Karussells, Videos, großen Parallaxen-Hintergrundbildern und großen Textblöcken gefüllt sind.

Wenn Sie eine funktionsreiche Website auf ein mobiles Gerät laden, erhöhen Sie häufig die Seitenlast für mobile Besucher. Dies liegt an den großen Bildern und Videos, die auf Mobilgeräte verkleinert werden.

Endbenutzer interessieren sich nicht für Ihr responsives Web oder Ihre separaten Websites, **sie möchten nur in der Lage sein, Sachen schnell zu erledigen.**

—— Brad Frost, Autor des Atomic Designs

Mobile First

Beim ersten Ansatz für den Desktop opfern Sie das mobile Erlebnis, weil Sie viele Bilder und Textinhalte haben. In einem Artikel über Mobile First Design heißt es: "Ungefähr 80% der Bildschirmgröße werden weggenommen, wenn Sie mit Mobile First Design beginnen. Sie müssen darüber nachdenken, wie Sie Ihren Platz viel konservativer nutzen können."

Abb. 2 - Desktop First Responsive Site

	Desktop	Mobile
Datengeschwindigkeit	Schnell	Langsam
Breite	Breit	Schmal
Höhe	Unbegrenzt	Unbegrenzt
Wahrscheinlichkeit der Retina-Anzeige	Mittel	Hoch
Größe der Auslagerungdatei	Groß	Groß

Ein Mobile First Ansatz berücksichtigt die Ziele eines Benutzers und präsentiert die Inhalte, um diese Ziele zu erreichen. Es entfernt den gesamten Flusen- und Füllstoffgehalt und bietet eine übersichtliche Sammlung von Inhalten, die schnell geladen und einfach zu bedienen ist.

Abb. 3. Mobile First Responsive Site

	Mobile	Desktop
Datengeschwindigkeit	Langsam	Schnell
Breite	Schmal	Wide
Höhe	Unbegrenzt	Unbegrenzt
Wahrscheinlichkeit der Retina-Anzeige	Hoch	Mittel
Größe der Auslagerungdatei	Klein	Mittel +

In der obigen Grafik ist der Workflow umgedreht, sodass die Site zuerst mobil erstellt wird. Anschließend werden Verbesserungen hinzugefügt, wenn das Ansichtsfenster erweitert wird. Beachten Sie, wie die mobile Site eine kleine Dateigröße bei langsamer Datengeschwindigkeit lädt? Das ist, wie Google sagen würde, mobilfreundlich. Aber einige könnten sagen "Ok, jetzt sieht die mobile Seite gut aus, aber jetzt sieht der Desktop zu einfach aus und es fehlt ihm das Flair."

Progressive Enhancement

Eine gute Möglichkeit, dies zu beheben, besteht darin, die Seite mit zunehmender Datengeschwindigkeit und Bildschirmbreite schrittweise zu verbessern. Alles, was Sie der Seite hinzufügen, verbessert das Design und wenn es aus irgendeinem Grund nicht geladen wird, ist Ihre Seite immer noch verwendbar.

Die Bildschirme sind klein, die Verbindungen sind langsam und die Leute schenken Ihnen oft nur teilweise Aufmerksamkeit oder kurze Zeiträume. **Beim Entwerfen für Mobilgeräte müssen Sie diese Einschränkungen berücksichtigen.**

—— Luke Wroblewski, Mobile First

Dies erreichen Sie am besten mit JavaScript-Medienabfragen[3] um die Breite des Ansichtsfensters zu bestimmen und dann den Inhalt auf die Seite zu laden. Ich habe ein kleines Plugin namens IfBreakpoint.js[4] erstellt, um Bootstrap 4-Haltepunkte mit JavaScript zu erkennen. Ich empfehle außerdem, diesen Artikel[5] zu lesen, um nach und nach Bilder mit Medienabfragen zu laden.

Eine kreative Lösung, die das Web verändert und den Webdesignern das reaktionsschnelle Design erleichtert hat, ist das Bootstrap-Frontend-Framework. Wir werden uns Bootstrap im nächsten Abschnitt genauer ansehen.

---

3   https://jacoblett.github.io/IfBreakpoint/

4   https://jacoblett.github.io/IfBreakpoint/

5   https://timkadlec.com/2012/04/media-query-asset-downloading-results/

Was ist Bootstrap?

Ich erinnere mich, dass ich meine ersten Responsive-Websites erstellt habe. Ich habe so viel Zeit damit verschwendet, für jedes neue Projekt immer wieder die gleichen Stile zu schreiben. Ich fand es auch schwierig, Plugins zu finden, die gut zusammenarbeiten und einen zusammenhängenden Designstil haben.

Ich habe dann von Bootstrap gehört und mochte, wie es Javascript-Komponenten enthielt und eine wirklich umfassende Dokumentation hatte. Die Dokumentation war äußerst detailliert und leicht zu befolgen. Anfangs war es schwer zu wissen, welche Klassen was taten, aber nachdem ich es für einige Projekte verwendet hatte, war ich erstaunt, wie schnell ich einen funktionierenden Prototyp eines Designs erstellen konnte. Durch die Zeitersparnis konnte ich mehr Projekte in kürzerer Zeit fertigstellen und dabei mehr Geld verdienen.

Je häufiger ich Bootstrap verwendet habe, desto mehr hatte ich das Gefühl, dass es ein globaler Standard sein könnte, da viele Routineaufgaben beim Erstellen reaktionsfähiger Websites entfallen.

Bootstrap wurde von Mark Otto und Jacob Thornton[6] bei Twitter als Framework erstellt, um die Konsistenz zwischen internen Tools zu fördern. Es ist jetzt ein Open-Source-Projekt, das auf GitHub[7] gehostet wird und in Webanwendungen und Websites ein schnelles Wachstum und eine weltweite Verwendung verzeichnet.

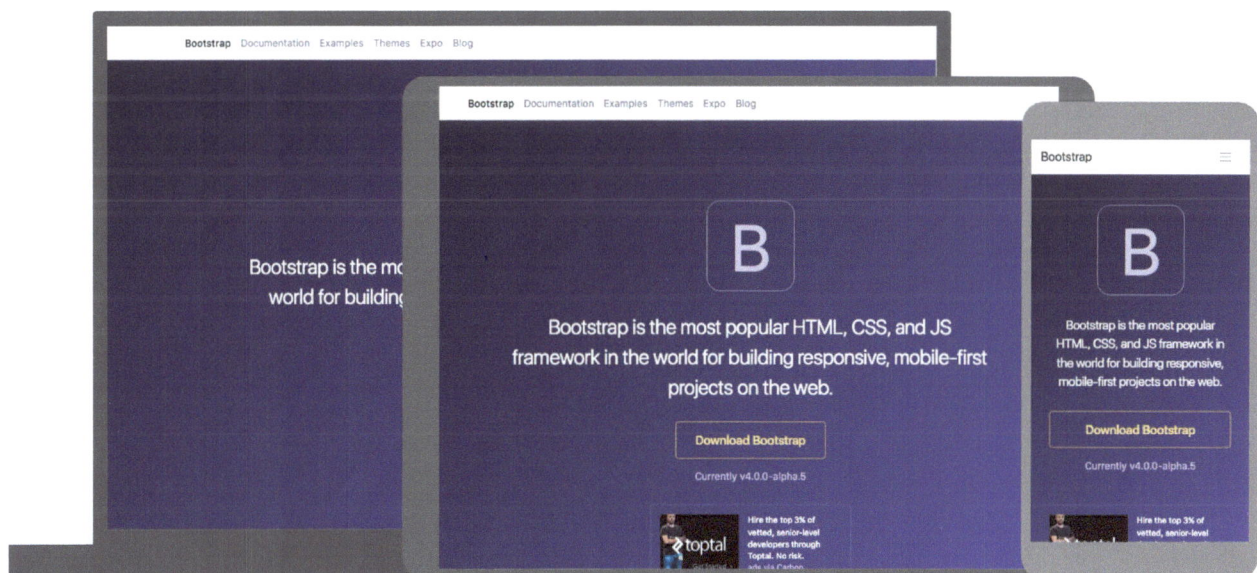

---

6   https://v4-alpha.getbootstrap.com/about/history/

7   https://github.com/twbs/bootstrap

Bootstrap CSS Framework Verlauf

- Vor 2011   Ein internes Twitter-Tool
- August 2011   Als Open Source veröffentlicht
- Januar 2012   Bootstrap 2
- August 2013   Bootstrap 3
- August 2015   Bootstrap 4 Alpha
- August 2017   Bootstrap 4 Beta
- Januar 2018   Bootstrap 4

Ein in Style Guide Form integriertes Toolkit

Als Bootstrap zum ersten Mal bei Twitter erstellt wurde, wurde es als Toolkit aus wiederverwendbaren Komponenten mit zusätzlicher Dokumentation und Codefragmenten für deren Verwendung erstellt. Dies half einem Team von mehreren Entwicklern, an einem Projekt zu arbeiten und eine zusammenhängende Methodik zum Erstellen von Layouts zu entwickeln. Die Dokumentation und die einfache Implementierung machten es einfach, sie mit anderen zu teilen und zu referenzieren, unabhängig von ihrem Kenntnisstand.

Die **ursprüngliche Absicht von Bootstrap war es daher, einem Entwicklerteam eine Dokumentation für einen lebendigen Stil zu bieten,** die es ermöglicht, auf die gleiche Weise nach vordefinierten Regeln und Komponenten zu codieren.

Heute kann Bootstrap auf zwei Arten verwendet werden:

- Verknüpfung zu einer vorkompilierten Version über CDN oder lokal
- Verknüpfen mit einem benutzerdefinierten Build mithilfe der Sass-Quelldateien (erweitert)

Sass (Syntactically Awesome Style Sheets) ist eine Präprozessor-Skriptsprache, die in Cascading Style Sheets (CSS) interpretiert oder kompiliert wird. Es hilft, CSS schneller und einfacher zu schreiben, da Sie Funktionen ausführen, Variablen haben und mehrere Dateien in einem minimierten Stylesheet zusammenführen können. Unten finden Sie ein Beispiel für die Ordnerstruktur von node.js mit dem Bootstrap 4 npm Paket.

```
your-project/
├── scss
│   └── custom.scss
└── node_modules/
    └── bootstrap
        ├── js
        └── scss
```

BootstrapCreative

A System of Components

An dieser Stelle fragen Sie sich möglicherweise, was eine Komponente ist und warum Bootstrap sie verwendet. Nun, eine Definition, die ich gefunden habe, war: "Eine Komponente ist ein minimales Softwareelement, das isoliert getestet werden kann." Das Schlüsselwort in dieser Phrase ist **isoliert**.

Wie können Sie CSS-Elemente isolieren und Stile schreiben, um bestimmte Komponenten als Ziel festzulegen und alles so zu belassen, wie es ist? Die vorgestellte Lösung von Bootstrap ist die Verwendung von Präfixklassennamen und Unterklassen für Variationen.

Mark Otto schrieb in seinem Blog[1], "Jeder Klassenname beginnt mit einem Präfix. Das Präfixieren von Klassennamen macht unseren Code haltbarer und einfacher zu pflegen, ermöglicht es uns jedoch auch, Stile nur auf die relevanten Elemente zu beschränken." Unten sehen Sie ein Beispiel, wie das Präfix funktioniert.

```
.card

.card-title

.card-body
```

Ist Bootstrap überhaupt notwendig?

Wenn Sie ein erfahrener Webdesigner oder -entwickler sind, fragen Sie sich wahrscheinlich, welche Vorteile die Verwendung von Bootstrap in Ihrem Projekt bietet. Vor der Verwendung von Bootstrap verwendete ich ein selbst geschriebenes Boilerplate, das aus einem Reset, einem Grundraster, Typografie, Dienstprogrammen und Medienabfragen bestand. Nachfolgend sind die Vorteile aufgeführt, die ich durch die Verwendung von Bootstrap für meine Projekte erfahren habe.

Hilft Ihnen, Zeit zu sparen

Ich gebe zu, ich war am schlechtesten darin, meine eigene Arbeit zu dokumentieren. Ich würde mein Boilerplate für ein Projekt verwenden und möchte es dann einen Monat später aktualisieren. Aber bis dahin habe ich meine Namenskonvention völlig vergessen. Also musste ich Zeit damit verbringen, meinen Code zu lesen, um zu verstehen, was ich tat. Wenn ich es nicht herausfinden könnte, würde ich neuen Code hinzufügen und den alten Code in Ruhe lassen, um zu verhindern, dass etwas kaputt geht. Ja, es ertönt der Code-Aufblähungsalarm. :)

Bootstrap verfügt über eine hervorragende Dokumentation zu jeder Komponente. Wenn ich also ein Projekt aktualisieren möchte, an dem ich vor einigen Monaten gearbeitet habe und das Bootstrap verwendet, weiß ich, wo ich Dokumentation finden kann, wenn ich nicht weiterkomme. Je mehr ich Bootstrap verwende, desto mehr wird es in mein Gehirn gebrannt und desto weniger

---

1   http://markdotto.com/2012/03/02/stop-the-cascade/

Zeit verbringe ich mit dem Durchsuchen der Dokumentation. Und Bücher wie dieses machen es noch einfacher, auf die Dokumentation zu verweisen.

Hilft Ihnen, browserübergreifende Fehler zu vermeiden

Bevor ich Bootstrap verwendet habe, habe ich die gefürchteten E-Mails von Kunden erhalten, die sagten, dass ihre Website auf einem Android-Handy nicht gut aussah. Und natürlich war es ein Gerät, das ich momentan nicht besitze oder auf das ich keinen Zugriff habe. Nach Stunden oder der Suche bei Google habe ich endlich einen Fix gefunden, der funktioniert hat. Ich fand Trost in dem Wissen, dass es ein häufiges Problem mit Android-Geräten war und nicht etwas, das ich in dem von mir geschriebenen Code verursacht habe.

Als Open-Source-Projekt kann jeder Browser-Bugs und Code-Fixes einreichen. Dies ist ein äußerst wertvoller Vorteil für einen Entwickler, da Sie das Vertrauen gewinnen, dass Ihr Code von einer Community verbessert wurde, um häufige Browser-Fehler zu beheben. Unabhängig davon, wie gut Sie sind, können Sie auf keinen Fall die Inkonsistenz jedes Browsers und die erforderliche Korrektur feststellen. Mit Bootstrap stehst du auf den Schultern der Giganten.

Hilft Ihnen, bewährte Methoden zu befolgen

Ich habe Grafikdesign am College studiert und mir HTML & CSS aus Büchern, YouTube und Blog-Posts selbst beigebracht. Diese Mischung aus Wissen funktionierte bis zu einem gewissen Grad, aber ich weiß, dass es viele Wissenslücken gibt. Als ich zum ersten Mal Bootstrap mit der neuen Terminologie für Softwareentwickler lernte, bemerkte ich, dass ich es nicht richtig verstand.

Bootstrap ist nicht nur ein Framework, sondern eine Methodik der besten Methoden für das Front-End-Design.

Besorgen Sie sich einen Raum voller schlauer Webdesigner und -entwickler und lassen Sie sie ausführlich diskutieren, was ihrer Meinung nach der beste Weg ist, CSS zu schreiben und ein Projekt zu organisieren. Das Ergebnis ist eine destillierte Version der Best Practices, auf die sich eine große Sammlung Ihrer Kollegen geeinigt hat.

BootstrapCreative

Hilft Ihnen, jQuery Plugin Soup zu vermeiden

Ich kenne etwas JavaScript, aber das Schreiben eines vollwertigen Plugins ist nicht in meiner Reichweite. Daher habe ich häufig verschiedene jQuery-Plugins in einem Projekt gesammelt, um das gewünschte Aussehen und die gewünschte Funktionalität zu erzielen.

Aber ich bin oft auf folgende Probleme gestoßen:

- Plugins funktionieren nicht browserübergreifend
- Plugin-CSS-Stile stören andere CSS-Stile
- Plugins wären abhängig von verschiedenen Versionen von jQuery

Bootstrap enthält eine Sammlung von jQuery-Komponenten, von denen Sie wissen, dass sie mit modernen Browsern kompatibel sind und mit Ihrer jQuery-Version funktionieren. Das Styling passt auch zu allen anderen Komponenten in Ihrem Projekt.

Hilft Ihnen, marktfähiger zu sein

Ab Mai 2017 hat Bootstrap 73% des Marktanteils[2]. für Design-Frameworks. Diese Popularität korreliert mit der Forderung, dass die Benutzer das Framework kennen müssen, um vorhandene Systeme zu aktualisieren oder neue zu erstellen.

Auf diese Weise sind Sie für potenzielle Arbeitgeber besser vermarktbar. Indeed.com, eine beliebte Job-Suchmaschine, zeigt, dass Bootstrap im Vergleich zu anderen CSS-Frameworks viele Stellenausschreibungen hat..

Framework Name	Sites Gesamt
Bootstrap CSS *(Update auf v4?)*	12,559,226
HTML5 Boilerplate	4,219,959
960 Grid System	437,120
Unsemantic	74,386
Semantic UI	10,803

Quelle: BuiltWith ab May, 2017[3]

---

2   https://trends.builtwith.com/docinfo/design-framework

3   https://trends.builtwith.com/docinfo/design-framework

So installieren Sie Bootstrap

Alles, was Sie tun müssen, ist, das Bootstrap-CSS zum HEAD Ihrer Seite und das Javascript zur Seite hinzuzufügen. Um das JavaScript-Verhalten nutzen zu können, müssen jQuery und popper. js vor bootstrap.js geladen sein.

Hier ist ein Beispiel

```html
<!DOCTYPE html>
<html lang="en">
  <head>
    <!-- Erforderliche Meta-Tags -->
    <meta charset="utf-8">
    <meta name="viewport" content="width=device-width, initial-scale=1, shrink-to-fit=no">
    <!-- Bootstrap CSS -->
    <link rel="stylesheet" href="https://stackpath.bootstrapcdn.com/bootstrap/4.3.1/css/bootstrap.min.css">
    <!-- Ihr CSS -->
    <link rel="stylesheet" href="css/main.css">
  </head>
  <body>
    <div class="container">
      <h1>Hello, world!</h1>
    </div>
    <!-- Zuerst jQuery, dann Popper, dann Bootstrap JS. -->
    <script src="https://code.jquery.com/jquery-3.3.1.slim.min.js"></script>
<script src="https://cdnjs.cloudflare.com/ajax/libs/popper.js/1.14.7/umd/popper.min.js"></script>
<script src="https://stackpath.bootstrapcdn.com/bootstrap/4.3.1/js/bootstrap.min.js"></script>
    <!-- Ihr JS -->
    <script src="js/main.js"></script>
  </body>
</html>
```

BootstrapCreative

Zusammenfassung

Wenn Ihre Zeit abgerechnet werden kann, verbessert jede Minute, die Sie sich rasieren, Ihr Endergebnis erheblich.Außerdem macht das Entwickeln mehr Spaß, da Sie keine redundanten CSS-Eigenschaften deklarieren.

Ich hoffe, ich habe Ihnen gezeigt, wie Bootstrap Sie Zeit sparen und Sie zu einem besseren Entwickler machen kann. Darüber hinaus befolgen Sie branchenweit bewährte Methoden, die von einer Open-Source-Community überprüft wurden.

Responsive Design Einführungsvideo

Möchten Sie mehr über responsives Webdesign und den Mobile-First-Workflow erfahren? Sehen Sie sich ein 45-minütiges Trainingsvideo unter https://bootstrapcreative.com/b4recording an

Introduction

Bootstrap 4

Bootstrap 4.3.1

CSS

```
<link rel="stylesheet" href="https://stackpath.bootstrapcdn.com/bootstrap/4.3.1/
css/bootstrap.min.css" integrity="sha384-ggOyR0iXCbMQv3Xipma34MD+dH/1fQ784/j6cY/
iJTQUOhcWr7x9JvoRxT2MZw1T" crossorigin="anonymous">
```

JS

JS ist nur erforderlich, wenn Sie vorhaben, eine oder alle der folgenden Komponenten zu verwenden: Alerts, Buttons, Carousel, Collapse, Dropdowns, Modals, Navbar, Tooltips and Scrollspy

```
<script src="https://code.jquery.com/jquery-3.3.1.slim.min.js" integrity="sha384-q8i/X+
965DzO0rT7abK41JStQIAqVgRVzpbzo5smXKp4YfRvH+8abtTE1Pi6jizo" crossorigin="anonymous"></
script>
```

```
<script src="https://cdnjs.cloudflare.com/ajax/libs/popper.js/1.14.7/umd/popper.min.
js" integrity="sha384-UO2eT0CpHqdSJQ6hJty5KVphtPhzWj9WO1clHTMGa3JDZwrnQq4sF86dIHNDz0W1"
crossorigin="anonymous"></script>
```

```
<script src="https://stackpath.bootstrapcdn.com/bootstrap/4.3.1/js/bootstrap.min.js"
integrity="sha384-JjSmVgyd0p3pXB1rRibZUAYoIIy6OrQ6VrjIEaFf/nJGzIxFDsf4x0xIM+B07jRM"
crossorigin="anonymous"></script>
```

Komponenten

Alerts	List group
Badge	Media Object
Breadcrumb	Modal
Buttons	Navs
Button group	Navbar
Card	Pagination
Carousel	Popovers
Collapse	Progress
Dropdowns	Scrollspy
Forms	Spinners
Input group	Toasts
Jumbotron	Tooltips

Werkzeuge

Borders	Sizing
Clearfix	Spacing
Close icon	Text
Colors	Vertical align
Display	Visibility
Embed	
Flex	
Float	
Image replacement	
Position	
Screenreaders	
Shadows	

BootstrapCreative

Haltepunkte

Extra kleine Geräte (Portrait-Telefone mit weniger als 576 Pixel) benötigen keinen Haltepunkt, da Bootstrap 4 zuerst mobil ist.

Haltepunkte | Maximale Behälterbreite

not needed=Extra small < 576px | Keine (Auto)

sm=Small ≥ 576px | 540px

md=Medium ≥ 768px | 720px

lg=Large ≥ 992px | 960px

xl=Extra large ≥ 1200px | 1140px

Medien-Anfragen

Ändern Sie den Breitenwert, um eine Medienabfrage für sm, md, lg, xl festzulegen.

```
/* Kleine Geräte (Handys im Querformat,
576px und höher) */
@media (min-width: 576px) { }
```

Liste

.list-unstyled Entfernt den Standard-Listenrand

.dl-horizontal Macht Listenelemente zwei Spalten

.list-inline Macht Listenelemente inline
.list-inline-item Zu jeder Liste hinzugefügt

Beispiel

```
<ul class="social-icons list-inline">
<li class="list-inline-item">item 1</li>
</ul>
```

Typografie

.text-left Linksbündiger Text

.text-*-left Links ausgerichtet nach Haltepunkt

.text-center Zentriert ausgerichteten Text

.text-right Rechtsbündiger Text

.text-justify Justified text

.text-nowrap Kein Zeilenumbruch

.text-(lowercause, uppercase, capitalize) Ändert den Stil für die Großschreibung von Text

.text-decoration-none Entfernt die Dekoration

.text-truncate Text mit Auslassungspunkten abschneiden

.lead Gut für den ersten Absatz des Artikels

.text-monospace Änderungen an der Monospace-Schriftart

.font-weight-(bold, bolder, normal, light, lighter, italic) Ändert die Schriftstärke

.blockquote Erhöht die Schriftgröße geringfügig und legt einen unteren Rand für Blockzitate fest

.(h1, h2, h3, h4, h5, h6) Dient zum Anpassen eines Elements an die Überschriftenstile

.display-(1, 2, 3, 4) Großer Anzeigetext. 1=96px, 2=88px, 3=72px, 4=56px

Colors

.text-primary

.text-secondary

.text-success

.text-danger

.text-warning

.text-info

.text-light

.text-dark

.bg-primary

.bg-secondary

.bg-success

.bg-danger

.bg-warning

.bg-info

.bg-light

.bg-dark

.bg-white

.bg-transparent

`.text-body`

`.text-muted`

`.text-white`

`.text-black-50`

`.text-white-50`

Bilder

`.img-fluid` Macht ein Bild responsiv

`.rounded` Fügt dem Bild abgerundete Ecken hinzu

`.rounded-circle` Bild als Kreis zuschneiden

`.img-thumbnail` Fügt eine abgerundete Ecke und einen Bildrand hinzu

Floats

`.float-left` Float nach links

`.float-right` Float nach rechts

`.float-none` Float entfernen

`.float-*-*` Fügt bei Bedarf Haltepunkte hinzu

Ränder

Rand hinzufügen
`.border` Fügt allen Seiten einen Rand hinzu

`.border-*` (oben, rechts, unten, links) Rand an einer bestimmten Kante hinzufügen

Rand entfernen
`.border-0` Rand nach allen Seiten entfernen

`.border-*-0` (oben, rechts, unten, links) Rand an einer bestimmten Kante entfernen

Border Radius
`.rounded` Fügt an allen Kanten einen Randradius hinzu

`.rounded-*` (oben, rechts, unten, links, Kreis) Fügt einen Rahmenradius hinzu

`.rounded-0` Entfernt den Randradius

Display

Der Wert kann einer der folgenden Werte entsprechen:
`none`, `inline`, `inline-block`, `block`, `table`, `table-cell`, `table-row`, `flex`, `inline-flex`

`.d-(value)` für xs

`.d-(sm, md, lg, and xl)-(value)` Setzt den Anzeigewert für Haltepunkt und höher

Position

`.position-(static, relative, absolute, fixed, sticky)` Legt CSS-Positionswerte fest, aber nicht responsiv

`.fixed-(top, bottom)` Positioniert ein Element oben im Ansichtsfenster.

`.sticky-top` Position an element at the top of the viewport, but only after you scroll past it. Not fully supported in IE.

Schatten

`.shadow` The regular sized box drop shadow

`.shadow-(none, sm, lg)` Remove box drop shadow or change its size.

Größenbestimmung

Make an element as wide or as tall (relative to its parent)

`.w-(5%, 50%, 75%, 100%, auto)` Sets width

`.h-(5%, 50%, 75%, 100%, auto)` Sets height

`.mw-(5%, 50%, 75%, 100%, auto)` Sets max-width

`.mh-(5%, 50%, 75%, 100%, auto)` Sets max-

`height`

Abstand

Seiten

`t`= top, `b`=bottom, `l`=left, `r`=right,
`x`=x axis, `y`=y-axis

Größe

Die Werte für jede Abstandsstufe sind Berechnungen der Basisschriftgröße, die 16px oder 1rem beträgt.

Hier die Pixeläquivalente. `0`=0px, `1`=4px, `2`=2px, `3`-16px, `4`=24px, `5`=48px, `auto`

`.m(t, b, l, r, x, y)-(sm, md, lg, and xl)-(0, 1, 2, 3, 4, 5, auto)` Setzt den Randwert und entfernt den Haltepunkt für xs

`.p(t, b, l, r, x, y)-(sm, md, lg, and xl)-(0, 1, 2, 3, 4, 5, auto)` Legt den Füllwert fest und entfernt den Haltepunkt für xs

`.mx-auto` ein Element relativ zum übergeordneten Container horizontal zu zentrieren

Negative Margin

Fügen Sie den Buchstaben n in von dem Randgrößenwert hinzu, um einen negativen Rand anzuwenden.

Beispiel: `.mt-n1` würde einen negativen oberen Rand der Größe 1 anwenden.

Verticale Ausrichtung

`.align-(baseline, top, middle, bottom, text-top, text-bottom)` Ändert die vertikale Ausrichtung von Inline-, Inline-Block-, Inline-Tabellen- und Tabellenzellenelementen.

Sichtweite

Diese Klassen ändern die Anzeigeeigenschaft nicht und wirken sich nicht auf das Layout aus.

`.visible` Nimmt Platz ein und ist sichtbar
`.invisible` Nimmt Platz ein und ist unsichtbar

Überlauf

Legen Sie fest, wie der Inhalt eines übergeordneten Elements überläuft.

`.overflow-auto` Container hat einen Bildlauf, wenn der Inhalt überläuft

`.overflow-hidden` Der Container wird nicht gescrollt und der Inhalt wird abgeschnitten.

Screenreaders

`.sr-only` Nur auf Bildschirmlesern anzeigen

`.sr-only-focusable` Zeigt das Element an, wenn es einen fokussierten Status hat

Starter Template

```html
<!DOCTYPE html>
<html lang="en">
  <head>
    <!-- Required meta tags -->
    <meta charset="utf-8">
    <meta name="viewport" content="width=device-width, initial-scale=1, shrink-to-fit=no">
    <!-- Bootstrap CSS -->
    <link rel="stylesheet" href="https://stackpath.bootstrapcdn.com/bootstrap/4.3.1/css/bootstrap.min.css" integrity="sha384-ggOyR0iXCbMQv3Xipma34MD+dH/1fQ784/j6cY/iJTQUOhcWr7x9JvoRxT2MZw1T" crossorigin="anonymous">
    <!-- Main CSS -->
    <link rel="stylesheet" href="css/main.css">
  </head>
  <body>
    <div class="container">
      <h1>Hello, world!</h1>
      <div class="row">
          <div class="col-sm-6">Left Column</div>
          <div class="col-sm-6">Right Column</div>
      </div>
    </div>
    <!-- jQuery first, then Popper, then Bootstrap JS. -->
    <script src="https://code.jquery.com/jquery-3.3.1.slim.min.js" integrity="sha384-q8i/X+965Dz00rT7abK41JStQIAqVgRVzpbzo5smXKp4YfRvH+8abtTE1Pi6jizo" crossorigin="anonymous"></script>
<script src="https://cdnjs.cloudflare.com/ajax/libs/popper.js/1.14.7/umd/popper.min.js" integrity="sha384-UO2eT0CpHqdSJQ6hJty5KVphtPhzWj9WO1clHTMGa3JDZwrnQq4sF86dIHNDz0W1" crossorigin="anonymous"></script>
<script src="https://stackpath.bootstrapcdn.com/bootstrap/4.3.1/js/bootstrap.min.js" integrity="sha384-JjSmVgyd0p3pXB1rRibZUAYoIIy6OrQ6VrjIEaFf/nJGzIxFDsf4x0xIM+B07jRM" crossorigin="anonymous"></script>
    <!-- Main JS -->
    <script src="js/main.js"></script>
  </body>
</html>
```

One Column Centered Grid

```
<div class="container">
    <div class="row justify-content-
center">
        <div class="col-md-6"></div>
    </div>
</div>
```

Two Column Grid

```
<div class="container">
    <div class="row">
        <div class="col-sm-6"></div>
        <div class="col-sm-6"></div>
    </div>
</div>
```

Three Column Grid

```
<div class="container">
    <div class="row">
        <div class="col-sm-4"></div>
        <div class="col-sm-4"></div>
        <div class="col-sm-4"></div>
    </div>
</div>
```

Four Column Grid

```
<div class="container">
    <div class="row">
        <div class="col-sm-3"></div>
        <div class="col-sm-3"></div>
        <div class="col-sm-3"></div>
        <div class="col-sm-3"></div>
    </div>
</div>
```

Figuren

```
<figure class="figure">
    <img src="https://dummyimage.
com/100x100/563d7c/fff&text=+"
class="figure-img img-fluid rounded"
alt="image">
    <figcaption class="figure-caption">A
caption for the above image.</figcaption>
</figure>
```

Medien-Objekt

```
<div class="media">
    <img src="https://dummyimage.
com/100x100/563d7c/fff&text=+"
class="mr-3" alt="image">
    <div class="media-body">
        <h5 class="mt-0">Media heading</h5>
        Media object description text
</div>
```

Code

`<code>`
Wird verwendet, um Inline-Code in einem
Absatz anzuzeigen

`<pre class="pre-scrollable">`
Zeigen Sie mehrere Codezeilen an. Verwenden
Sie `.pre-scrollable` Klasse um eine maximale
Höhe von 340 Pixel festzulegen und eine
Bildlaufleiste für die y-Achse bereitzustellen

`<var>`
Zum mathematische Variablen anzuzeigen

`<kbd>`
Zum Anzeigen der Tastatureingabe

`<samp>`
Zum Anzeigen der Beispielausgabe

Navbar

```
<nav class="navbar navbar-toggleable-md navbar-dark bg-primary">
  <button class="navbar-toggler navbar-toggler-right" type="button" data-
toggle="collapse" data-target="#navbarNavDropdown" aria-controls="navbarNavDropdown"
aria-expanded="false" aria-label="Toggle navigation">
    <span class="navbar-toggler-icon"></span>
  </button>
  <a class="navbar-brand" href="#">Navbar</a>
  <div class="collapse navbar-collapse" id="navbarNavDropdown">
    <ul class="navbar-nav">
      <li class="nav-item active">
        <a class="nav-link" href="#">Home <span class="sr-only">(current)</span></a>
      </li>
      <li class="nav-item">
        <a class="nav-link" href="#">Features</a>
      </li>
      <li class="nav-item">
        <a class="nav-link" href="#">Pricing</a>
      </li>
      <li class="nav-item dropdown">
        <a class="nav-link dropdown-toggle" href="http://example.com"
id="navbarDropdownMenuLink" data-toggle="dropdown" aria-haspopup="true" aria-
expanded="false">
          Dropdown link
        </a>
        <div class="dropdown-menu" aria-labelledby="navbarDropdownMenuLink">
          <a class="dropdown-item" href="#">Action</a>
          <a class="dropdown-item" href="#">Another action</a>
          <a class="dropdown-item" href="#">Something else here</a>
        </div>
      </li>
    </ul>
  </div>
</nav>
```

BootstrapCreative

Modal

```html
<!-- Button trigger modal -->
<button type="button" class="btn btn-primary" data-toggle="modal" data-target="#myModal">
  Launch demo modal
</button>


<!-- Modal -->
<div class="modal fade" id="myModal" tabindex="-1" role="dialog" aria-labelledby="exampleModalLabel" aria-hidden="true">
  <div class="modal-dialog" role="document">
    <div class="modal-content">
      <div class="modal-header">
        <h5 class="modal-title" id="exampleModalLabel">Modal title</h5>
        <button type="button" class="close" data-dismiss="modal" aria-label="Close">
          <span aria-hidden="true">&times;</span>
        </button>
      </div>
      <div class="modal-body">
        <h2>Modal body heading</h2>
        <p>Modal body text description</p>
      </div>
      <div class="modal-footer">
        <button type="button" class="btn btn-secondary" data-dismiss="modal">Close</button>
        <button type="button" class="btn btn-primary">Save changes</button>
      </div>
    </div>
  </div>
</div>
```

Forms

```
<form>
  <div class="form-group">
    <label for="exampleInputEmail1">Email address</label>
    <input type="email" class="form-control" id="exampleInputEmail1" aria-
describedby="emailHelp" placeholder="Enter email">
    <small id="emailHelp" class="form-text text-muted">We'll never share your email
with anyone else.</small>
  </div>
  <div class="form-group">
    <label for="exampleInputPassword1">Password</label>
    <input type="password" class="form-control" id="exampleInputPassword1"
placeholder="Password">
  </div>
  <div class="checkbox">
    <label>
      <input type="checkbox"> Check me out
    </label>
  </div>
  <button type="submit" class="btn btn-primary">Submit</button>
</form>
```

Buttons

.btn Muss zu allen Schaltflächen hinzugefügt werden, da es Polsterung und Rand
hinzufügt

.btn-* primary, secondary, success, danger, warning, info, light, dark, link

.btn-outline-* primary, secondary, success, danger, warning, info, light, dark, link

.btn-lg Large button

.btn-sm Smaller than default button

Beispiel

```
<a class="btn btn-primary" href="#" role="button">Link</a>
<button class="btn btn-secondary" type="submit">Button</button>
```

BootstrapCreative

Carousel

```html
<div id="carousel-name" class="carousel slide" data-ride="carousel">
  <ol class="carousel-indicators">
    <li data-target="#carousel-name" data-slide-to="0" class="active"></li>
    <li data-target="#carousel-name" data-slide-to="1"></li>
    <li data-target="#carousel-name" data-slide-to="2"></li>
  </ol>
  <div class="carousel-inner" role="listbox">
    <div class="carousel-item active">
      <img class="d-block img-fluid" src="https://dummyimage.com/900x340/563d7c/
fff&text=+" alt="First slide">
        <div class="carousel-caption d-none d-md-block">
          <h3>Carousel Slider Title</h3>
          <p>Description text to further describe the content of the slide image</p>
          <a href="" class="btn btn-primary">Call to Action</a>
        </div>
    </div>
    <div class="carousel-item">
      <img class="d-block img-fluid" src="https://dummyimage.com/900x340/563d7c/
fff&text=+" alt="Third slide">
        <div class="carousel-caption d-none d-md-block">
          <a href="" class="btn btn-primary">Call to Action</a>
        </div>
    </div>
  </div>
  <a class="carousel-control-prev" href="#carousel-name" role="button" data-
slide="prev">
    <span class="carousel-control-prev-icon" aria-hidden="true"></span>
    <span class="sr-only">Previous</span>
  </a>
  <a class="carousel-control-next" href="#carousel-name" role="button" data-
slide="next">
    <span class="carousel-control-next-icon" aria-hidden="true"></span>
    <span class="sr-only">Next</span>
  </a>
</div>
```

Jumbotron

```html
<div class="jumbotron jumbotron-fluid">
  <div class="container">
    <h1 class="display-3">Fluid jumbotron</h1>
    <p class="lead">Dies ist ein modifiziertes Jumbotron, das den gesamten horizontalen Raum seines Elternteils einnimmt.</p>
  </div>
</div>
```

Card

```html
<div class="card" style="width: 20rem;">
  <img class="card-img-top w-100" src="https://dummyimage.com/600x400/563d7c/fff" alt="Card image cap" >
  <div class="card-body">
    <h4 class="card-title">Card title</h4>
    <p class="card-text">Ein kurzer Beispieltext, der auf dem Kartentitel aufbaut und den Großteil des Karteninhalts ausmacht.</p>
    <a href="#" class="btn btn-primary">Go somewhere</a>
  </div>
</div>
```

Breadcrumbs

```html
<ol class="breadcrumb">
  <li><a href="#">Home</a></li>
  <li><a href="#">Library</a></li>
  <li class="active">Data</li>
</ol>
```

Responsive embed

```html
<div class="embed-responsive embed-responsive-16by9">
  <iframe class="embed-responsive-item" src="..."></iframe>
</div>
```

Tabs

```html
<ul class="nav nav-tabs" id="myTab">
  <li class="nav-item">
    <a class="nav-link active" data-toggle="tab" href="#tabOne">Tab 1</a>
  </li>
  <li class="nav-item">
    <a class="nav-link" data-toggle="tab" href="#tabTwo">Tab 2</a>
  </li>
</ul>
<div class="tab-content pt-3" id="myTabContent">
  <div class="tab-pane fade active show" id="tabOne">Tab One Content</div>
  <div class="tab-pane fade" id="tabTwo">Tab Two Content</div>
</div>
```

Alerts

```html
<div class="alert alert-warning alert-dismissible fade show" role="alert">
  <strong>Note</strong> Diese Warnung ist nicht zulässig.
  <button type="button" class="close" data-dismiss="alert" aria-label="Close">
    <span aria-hidden="true">&times;</span>
  </button>
</div>
```

Collapse

```html
<a class="btn btn-primary mb-3 collapsed" data-toggle="collapse"
href="#collapseContent" role="button" aria-expanded="false" aria-
controls="collapseContent"><span class="if-collapsed"><b>+</b> Show Content</span>
  <span class="if-not-collapsed"><b>-</b> Hide Content</span></a>
<div class="collapse" id="collapseContent">
  <div class="card card-body">Collapse Content</div>
</div>
<style> /* Dieses benutzerdefinierte CSS wird zum Umschalten des Schaltflächentexts
verwendet */
[data-toggle="collapse"].collapsed .if-not-collapsed,
[data-toggle="collapse"]:not(.collapsed) .if-collapsed {display: none;}
</style>
```

Tables

```
<table class="table">
  <thead class="thead-dark">
    <tr>
      <th>#</th>
      <th>thead-dark</th>
    </tr>
  </thead>
  <tbody>
    <tr>
      <th scope="row">1</th>
      <td>Nina</td>
    </tr>
  </tbody>
</table>
```

Dropdowns

```
<div class="dropdown">
  <button class="btn btn-secondary dropdown-toggle" type="button" id="dropdown" data-toggle="dropdown" aria-haspopup="true"
aria-expanded="false">Dropdown Actions</button>
<div class="dropdown-menu" aria-labelledby="dropdown">
    <a class="dropdown-item" href="#">Action One</a>
    <a class="dropdown-item" href="#">Action Two</a>
    <a class="dropdown-item" href="#">Action Three</a>
</div>
</div>
```

Lernen Sie Bootstrap 4 und Responsive Design-Grundlagen. Schnell!

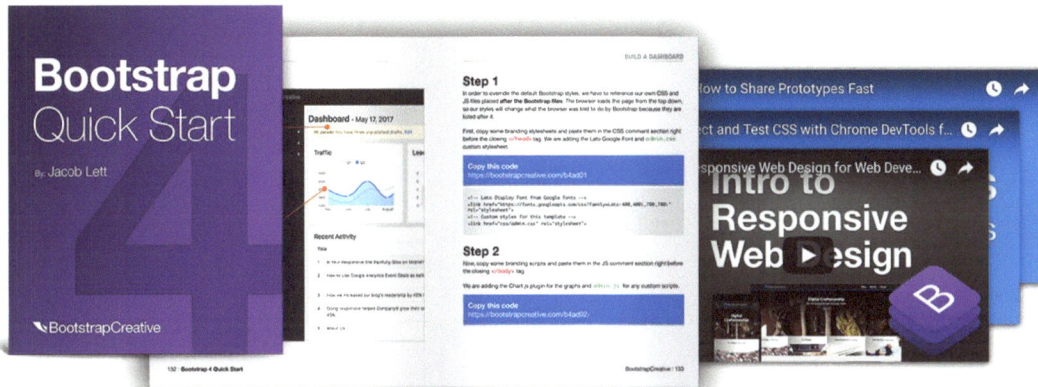

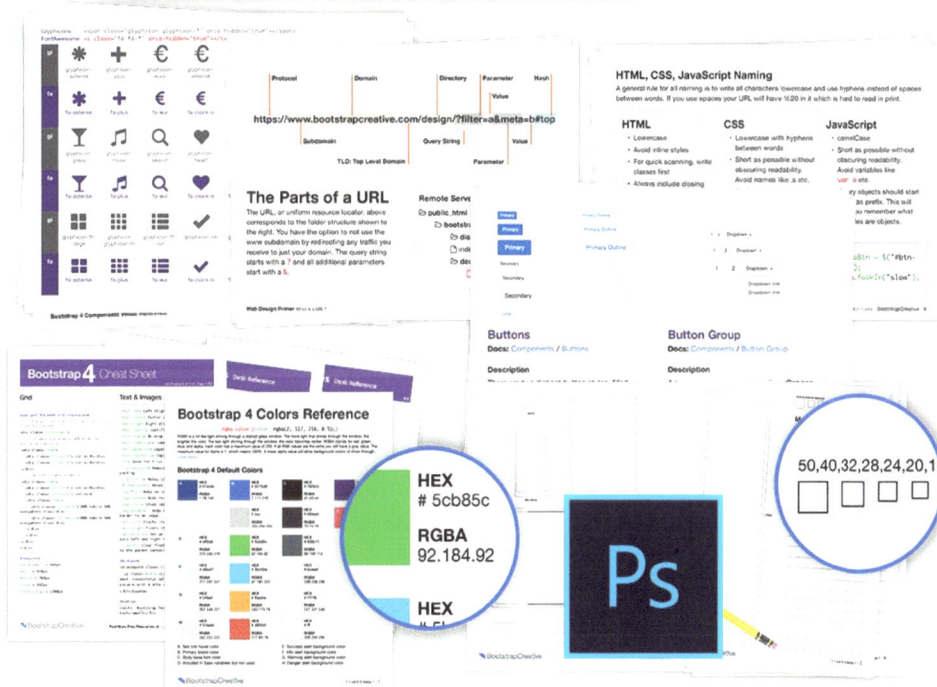

Mehr erfahren

BootstrapQuickStart.com

Komponenten-CSS-Format und Medienabfragen

```css
/*
 * Komponentenabschnittsüberschrift
 *
 * Komponentenbeschreibung und Verwendung
 */

/* base - shared styles */
.component { width: 220px; }

/* Unterkomponente mit Komponentennamen als Präfix, um Stile zu
isolieren und die Kaskade zu unterbrechen. */

.component-heading {
  display: block;
  width: 100px;
  font-size: 1rem;
}

/* variant - alert color */
.component-alert {
  color: #ff0000;
}

/* variant - success color */
.component-success {
  color: #00ff00;
}

/* Fügen Sie Medienabfragen unterhalb der Komponenten statt eines
separaten Stylesheets oder Abschnitts hinzu, um die Aktualisierung zu
vereinfachen */

@media (min-width: 480px) {
  .component-heading { width:auto; }
}
```

Alphabetischer Index der CSS-Klassen

.active

.accordion

.alert

.alert-(primary, secondary, success, danger, warning, info, light, dark)

.alert-dismissible

.alert-heading

.alert-link

.align-(baseline, top, middle, bottom, text-top, text-bottom)

.align-content-(sm, md, lg, xl)-(around, between, center, end, start, stretch)

.align-items-(sm, md, lg, xl)-(baseline, center, end, start, stretch)

.align-self-(sm, md, lg, xl)-(auto, baseline, center, end, start, stretch)

.arrow

.badge

.badge-(primary, secondary, success, danger, warning, info, light, dark)

.badge-pill

.bg-(primary, secondary, success, danger, warning, info, light, dark, transparent, white)

.blockquote

.blockquote-footer

.border-(light, dark primary, secondary, transparent, white, warning, success, info, danger, 0, top-0, right-0, bottom-0, left-0)

.border-(bottom, left, right, top)

.breadcrumb

.breadcrumb-item

.bs-popover-(auto, bottom, left, right, top)

.bs-tooltip-(auto, bottom, left, right, top)

.btn

.btn-block

.btn-group

.btn-group-(sm, lg)

.btn-group-toggle

.btn-group-vertical

.btn-(sm, lg)

.btn-link

.btn-outline-(primary, secondary, success, danger, warning, info, light, dark)

.btn-(primary, secondary, success, danger, warning, info, light, dark)

.btn-toolbar

.card

.card-body

.card-columns

.card-deck

.card-footer

.card-group

.card-header

.card-header-pills

.card-header-tabs

.card-img

.card-img-bottom

.card-img-overlay

.card-img-top

.card-link

.card-subtitle

.card-text

.card-title

.carousel

Bootstrap 4

.carousel-caption

.carousel-control-(next, prev)

.carousel-control-(next, prev)-icon

.carousel-fade

.carousel-indicators

.carousel-inner

.carousel-item

.carousel-item-(left, right)

.carousel-item-(next, prev)

.clearfix

.close

.col

.col-(sm, md, lg, xl)-(1-12)

.col-auto

.col-form-label

.col-form-label-(sm, lg)

.collapse

.collapsing

.container

.container-fluid

.custom-checkbox

.custom-control

.custom-control-inline

.custom-control-input

.custom-control-label

.custom-file

.custom-file-control

.custom-file-input

.custom-file-label

.custom-radio

.custom-range

.custom-select

.custom-select-(sm, lg)

.custom-switch

.d-(sm, md, lg, xl)-(none, inline, inline-block, block, table, table-cell, table-row, flex, inline-flex)

.d-print-(block, inline, inline-block, none, flex, inline-flex, table, table-cell, print-table-row)

.disabled

.display-(1, 2, 3, 4)

.dropdown

.dropdown-divider

.dropdown-header

.dropdown-item

.dropdown-item-text

.dropdown-menu

.dropdown-menu-right

.dropdown-menu-(sm, md, lg, xl)-(right, left)

.dropdown-toggle

.dropdown-toggle-split

.dropleft

.dropright

.dropup

.embed-responsive

.embed-responsive-(16by9, 1by1, 21by9, 4by3)

.embed-responsive-item

.fade

.figure

.figure-caption

.figure-img

.fixed-bottom

.fixed-top

.flex-(sm, md, lg, xl)-(row, row-reverse, column)

.flex-(sm, md, lg, xl)-(nowrap, wrap, wrap-reverse)

.flex-column

.flex-column-reverse

.flex-fill

.flex-grow-*

.flex-shrink-*

.float-(sm, md, lg, xl)-(none, left, right)

.focus

.font-italic

.font-weight-(bold, bolder, light, lighter, normal)

.form-check

.form-check-inline

.form-check-input

.form-check-label

.form-control

.form-control-file

.form-control-(sm, lg)

.form-control-plaintext

.form-control-range

.form-group

.form-inline

.form-row

.form-text

.h-(100, 75, 50, 25, auto)

.(h1-h6)

.hide

.img-fluid

.img-thumbnail

.initialism

.input-group

.input-group-append

.input-group-(sm, lg)

.input-group-prepend

.input-group-text

.invalid-feedback

.invalid-tooltip

.invisible

.is-invalid

.is-valid

.jumbotron

.jumbotron-fluid

.justify-content-(sm, md, lg, xl)-(start, end, center, between, around)

.lead

.list-group

.list-group-flush

.list-group-horizontal-(sm, md, lg, xl)

.list-group-item

.list-group-item-action

.list-group-item-(primary, secondary, success, danger, warning, info, light, dark)

.list-(inline, inline-item, unstyled)

.m(t,b,r,l,x,y)-(sm, md, lg, xl)-(0, 1, 2, 3, 4, 5, n1, n2, n3, n4, n5)

.mark

.media

.media-body

.mh-100

.modal

.modal-backdrop

.modal-body

.modal-content

.modal-dialog

.modal-dialog-(centered, scrollable)

.modal-footer

.modal-header

.modal-(sm, lg)

.modal-open

.modal-scrollbar-measure

.modal-title

.nav

Bootstrap 4

.nav-fill

.nav-item

.nav-justified

.nav-link

.nav-pills

.nav-tabs

.navbar

.navbar-brand

.navbar-collapse

.navbar-(dark, light)

.navbar-expand-(sm, md, lg, xl)

.navbar-nav

.navbar-text

.navbar-toggler

.navbar-toggler-icon

.no-gutters

.offset-(sm, md, lg, xl)-(1-12)

.order-(sm, md, lg, xl)-first

.order-(sm, md, lg, xl)-last

.order-(sm, md, lg, xl)-(0-12)

.p(t,b,r,l,x,y)-(sm, md, lg, xl)-(0, 1, 2, 3, 4, 5, n1, n2, n3, n4, n5)

.overflow-(auto, hidden)

.page-item

.page-link

.pagination

.pagination-(sm, lg)

.popover

.popover-body

.popover-header

.position-(absolute, fixed, relative, static, sticky)

.pre-scrollable

.progress

.progress-bar

.progress-bar-animated

.progress-bar-striped

.rounded

.rounded-(top, right, bottom, left, circle, pill, 0, lg, sm)

.rounded-circle

.row

.shadow-(none, sm, lg)

.show

.showing

.small

.spinner-(border, border-sm, grow, grow-sm)

.sr-only

.sr-only-focusable

.stretched-link

.tab-content

.tab-pane

.table

.table-active

.table-bordered

.table-borderless

.table-hover

.table-(primary, secondary, success, danger, warning, info, light, dark)

.table-responsive-(sm, md, lg, xl)

.table-sm

.table-striped

.text-(primary, secondary, success, danger, warning, info, light, dark, muted, white, decoration-none, reset)

.text-hide

.text-justify

.text-(sm, md, lg, xl)-(center, left, right)

.text-(lowercase, uppercase, capitalize, black-50, body, monospace, white-50,

```
break)
.text-(wrap, nowrap)
.text-truncate
.text-warning
.thead-dark
.thead-light
.toast
.toast-(body, header)
.tooltip
.tooltip-inner
.valid-feedback
.valid-tooltip
.vh-100
.vw-100
.visible
.w-(100, 75, 50, 25)
.was-validated
.w-auto
```

Pixel in REMS konvertieren

Pixel	REMS	Pixel	REMS
1 px	0.0625	26 px	1.625
2 px	0.125	27 px	1.6875
3 px	0.1875	28 px	1.75
4 px	0.25	29 px	1.8125
5 px	0.3125	30 px	1.875
6 px	0.375	31 px	1.9375
7 px	0.4375	32 px	2
8 px	0.5	33 px	2.0625
9 px	0.5625	34 px	2.125
10 px	0.625	35 px	2.1875
11 px	0.6875	36 px	2.25
12 px	0.75	37 px	2.3125
13 px	0.8125	38 px	2.375
14 px	0.875	39 px	2.4375
15 px	0.9375	40 px	2.5
Standardmäßige Bootstrap 4-Schriftgröße 16 px	1	41 px	2.5625
17 px	1.0625	42 px	2.625
18 px	1.125	43 px	2.6875
19 px	1.1875	44 px	2.75
20 px	1.25	45 px	2.8125
21 px	1.3125	46 px	2.875
22 px	1.375	47 px	2.9375
23 px	1.4375	48 px	3
24 px	1.5	49 px	3.0625
25 px	1.5625	50 px	3.125

Vielfache gebräuchlicher Maßeinheiten

Vielfache von 15		Vielfache von 30	
15	405	30	810
30	420	60	840
45	435	90	870
60	450	120	900
75	465	150	930
90	480	180	960
105	495	210	990
120	510	240	1020
135	525	270	1050
150	540	300	1080
165	555	330	1110
180	570	360	1140
195	585	390	1170
210	600	420	1200
225	615	450	1230
240	630	480	1260
255	645	510	1290
270	660	540	1320
285	675	570	1350
300	690	600	1380
315	705	630	1410
330	720	660	1440
345	735	690	1470
360	750	720	1500
375	765	750	1530
390	780	780	1560

Standardtextgrößen

Die Schriftgrößen von Bootstrap werden anhand der rem-Werte aus der Schriftgröße des Körpers berechnet. Wenn Sie die Schriftgröße ändern, werden alle Stile automatisch vergrößert / verkleinert. Rem steht für "root em", da es die Größe basierend auf der Größe des Stamms des Dokuments oder des Body-Tags berechnet.

Tag / Klasse	Standardschriftgröße
body	16px; line-height: 1.5; font-family: "Helvetica Neue", Helvetica, Arial, sans-serif;
p, li	1rem / 16px
h1	2.5rem / 40px
h1 small	80% / 32px
h2	2rem / 32px
h2 small	80% / 25.6px
h3	1.75rem / 28px
h3 small	80% / 22.4px
h4	1.5rem / 24px
h4 small	80% / 24px
h5	1.25rem / 20px
h5 small	80% / 16px
h6	1rem / 16px
h6 small	80% / 12.8px
.display-1	6rem / 90px
.display-2	5.5rem / 82.5px
.display-3	4.5rem / 67.5px
.display-4	3.5rem / 52.5px

Flexbox Reference

Flexbox Referenz

Unten finden Sie ein Beispiel für ein Flexbox-Markup. Sie können Flexbox-CSS-Eigenschaften manuell anwenden, aber beim Anwenden von Reaktionsfunktionen kann es schwierig werden. Die Verwendung der Bootstrap 4-Flexbox-Dienstprogrammklassen bietet den Vorteil, dass Sie Flexbox-Eigenschaften festlegen und bestimmte Haltepunkte festlegen können.

Was ist Flexbox?

In Bootstrap 3 und auf den meisten Websites bestand die einzige Möglichkeit, mehrspaltige Layouts zu erstellen, darin, Spaltenbreiten festzulegen und Gleitkommazahlen zu verwenden. Auf Mobilgeräten entfernen Sie dann einfach die Eigenschaft float und width, sodass sie sich in eine Spalte ändert.

Mit flexbox oder flexible box können Sie jetzt komplexe Rasterlayouts mit mehr Kontrolle und Flexibilität erstellen, um das Layout anzupassen, wenn sich das Ansichtsfenster ändert.

Wenn Sie mit einer UL- und LI-Beziehung vertraut sind, ist flexbox sehr ähnlich darin, wie Unterelemente oder flexbox-Elemente in einem übergeordneten Umhüllungscontainer enthalten sind. Da flexbox jedoch eine Anzeigeeigenschaft ist, kann sie auf alle über- und untergeordneten HTML-Elemente angewendet werden und verfügt nicht über ein eigenes HTML-Element wie `<flexbox>`.

```
<div class="flex-container">

  <div class="flex-item-a">flex item with a class .flex-item-a</div>

  <div>flex item</div>

  <div>flex item</div>

</div>
```

Auf den folgenden Seiten werden Vanilla CSS Flexbox und Bootstrap 4 Flexbox-Dienstprogrammklassen verglichen, um Ihnen bei der Entscheidung zu helfen, welcher Ansatz für Ihre Situation am besten geeignet ist.

Flex Container

Mit dem Flex-Layout kann der Container die Breite / Höhe (und Reihenfolge) seiner Elemente ändern, um den verfügbaren Platz im Container optimal auszufüllen.

Der Behälter hat eine Hauptachse und eine Querachse, die von der Biegerichtung abhängen. Jede Achse hat einen Anfang und ein Ende. Zum Beispiel, wenn Sie die Flexrichtung auf Spalte setzen. Die Hauptachse ist vertikal und die Querachse ist horizontal. Wenn Sie die Biegerichtung auf Reihe einstellen, ist die Hauptachse horizontal und die Querachse vertikal.

flex-direction: row

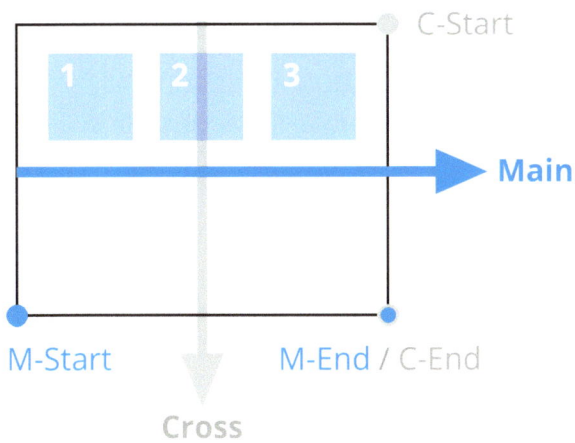

flex-direction: column

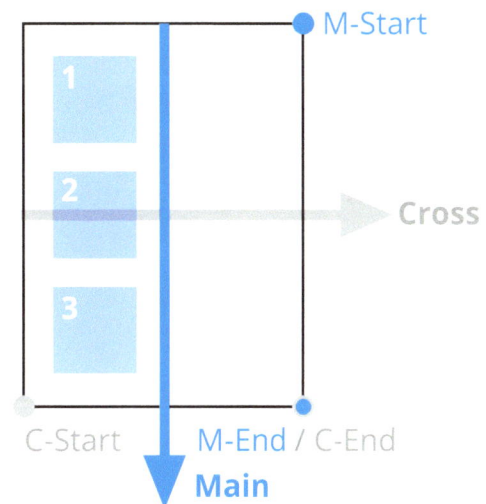

flex-direction: row-reverse

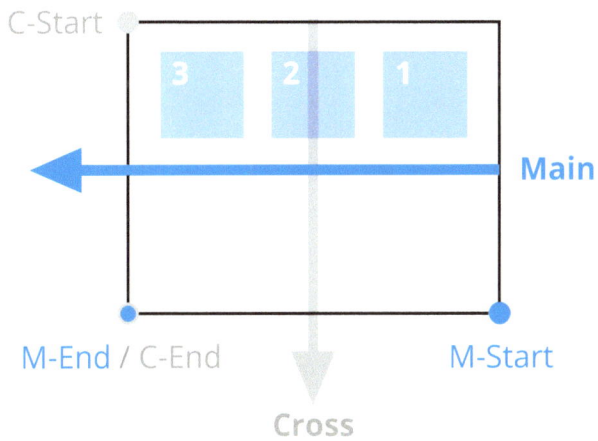

flex-direction: column-reverse

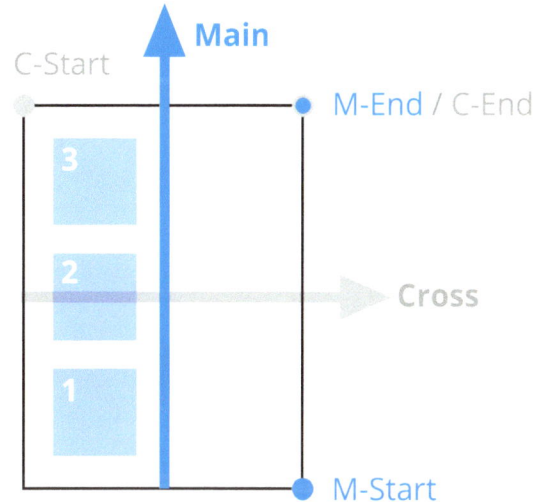

Schritt 1: Soll sich der Container wie ein Block verhalten? oder Inline-Element?

CSS	Bootstrap 4

`display:`
 	
Docs: https://developer.mozilla.org/en-US/docs/Web/CSS/display#Values
 	
flex
 	
Lässt den Container als Anzeigeblock agieren
 	
inline-flex
 	
Lässt den Container Act inline anzeigen
	Verwenden Sie eine oder mehrere der folgenden Klassen, um anzugeben, an welchen Haltepunkten die Eigenschaften angewendet werden sollen.
	
	Docs: http://getbootstrap.com/docs/4.0/utilities/flex/#enable-flex-behaviors
	
	`.d-flex`
	
	`.d-inline-flex`
	
	`.d-(sm, md, lg, xl)-(flex, inline-flex)`

BootstrapCreative

FLEXBOX CONTAINER

Schritt 2: Soll Ihre Hauptachse vertikal oder horizontal sein?

CSS	Bootstrap 4

flex-direction:
 	
Docs: https://developer.mozilla.org/en-US/docs/Web/CSS/flex-direction
 	
row (default)
 	
links nach rechts
 	
row-reverse
 	
rechts nach links
 	
column
 	
oben nach unten
 	
column
 	
Rückseite = unten nach oben
	Verwenden Sie eine oder mehrere der folgenden Klassen, um anzugeben, an welchen Haltepunkten die Eigenschaften angewendet werden sollen.
	
	Docs: http://getbootstrap.com/docs/4.0/utilities/flex/#direction
	
	`.flex-row`
	
	`.flex-row-reverse`
	
	`.flex-column`
	
	`.flex-column-reverse`
	
	`.flex-(sm, md, lg, xl)-(row, row-reverse, column, column-reverse)`

flex-direction: row

C-Start

1 2 3

Main

M-Start   M-End / C-End

Cross

flex-direction: column

M-Start

1

2   Cross

3

C-Start   M-End / C-End

Main

flex-direction: row-reverse

C-Start

3 2 1

Main

M-End / C-End   M-Start

Cross

flex-direction: column-reverse

C-Start   Main

M-End / C-End

3

2   Cross

1

M-Start

Schritt 3: Wie soll der zusätzliche Raum entlang der Hauptachse verteilt werden?

CSS	Bootstrap 4

`justify-content:`
 	
 Docs: https://developer.mozilla.org/en-US/docs/Web/CSS/justify-content
 	
 flex-start (default)
 Elemente, die am Anfang verankert sind
 	
 flex-end
 Elemente, die bis zum Ende verankert sind
 	
 center
 Elemente zentriert
 	
 space-between
 Elemente gleichmäßig in der Linie verteilt. Erster Element am Anfang und letzter Element am Ende
 	
 space-around
 Start- und Endelemente befinden sich nicht am Rand, sondern haben auf jeder Seite 1 Einheit Platz
 	
 space-evenly
 ähnlich wie space-around, nur dass der gesamte Raum derselbe ist
	Verwenden Sie eine oder mehrere der folgenden Klassen, um anzugeben, an welchen Haltepunkten die Eigenschaften angewendet werden sollen.
	
	 Docs: http://getbootstrap.com/docs/4.0/utilities/flex/#justify-content
	
	 `.justify-content-start`
	
	 `.justify-content-end`
	
	 `.justify-content-center`
	
	 `.justify-content-between`
	
	 `.justify-content-around`
	
	 `.justify-content-(sm, md, lg, xl)-(start, end, center, between, around)`

FLEXBOX CONTAINER

Schritt 4: Wie soll der zusätzliche Raum der ZEILEN von Elementen entlang der Querachse verteilt werden?

CSS	Bootstrap 4

`align-content:`
 	
Docs: https://developer.mozilla.org/en-US/docs/Web/CSS/align-content
 	
flex-start
 	
Elemente, die am Anfang verankert sind
 	
flex-end
 	
Elemente, die bis zum Ende verankert sind
 	
center
 	
Elemente zentriert
 	
space-between
 	
Die erste Zeile am Anfang des Containers und die letzte Zeile am Ende
 	
space-around
 	
Zeilen werden gleichmäßig mit gleichem Abstand um jede Zeile verteilt
 	
stretch (default)
 	
Zeilen werden gestreckt, um den verbleibenden Platz einzunehmen
	Verwenden Sie eine oder mehrere der folgenden Klassen, um anzugeben, an welchen Haltepunkten die Eigenschaften angewendet werden sollen.
	
	Docs: http://getbootstrap.com/docs/4.0/utilities/flex/#align-content
	
	`.align-content-start`
	
	`.align-content-end`
	
	`.align-content-center`
	
	`.align-content-around`
	
	`.align-content-stretch`
	
	`.align-content-(sm, md, lg, xl)-(start, end, center, around, stretch)`

Schritt 5: Wie soll der zusätzliche Abstand zwischen Elementen entlang der Querachse verteilt werden?

CSS	Bootstrap 4

`align-items:`
 	
Docs: https://developer.mozilla.org/en-US/docs/Web/CSS/align-items
 	
flex-start
 	
Querachse Elemente ausrichten, um zu starten
 	
flex-end
 	
Querachse Elemente zum Ende ausrichten
 	
center
 	
Querachse Objekte zentrieren
 	
baseline
 	
Baselines ausrichten
 	
stretch (default)
 	
strecken, um den Behälter zu füllen
	Verwenden Sie eine oder mehrere der folgenden Klassen, um anzugeben, an welchen Haltepunkten die Eigenschaften angewendet werden sollen.
	
	Docs: http://getbootstrap.com/docs/4.0/utilities/flex/#align-items
	
	`.align-items-start`
	
	`.align-items-end`
	
	`.align-items-center`
	
	`.align-items-baseline`
	
	`.align-items-stretch`
	
	`.align-items-(sm, md, lg, xl)-(start, end, center, baseline, stretch)`

FLEXBOX CONTAINER

Schritt 6: Möchten Sie, dass die Elemente umbrochen werden, wenn sie nicht in eine Zeile passen?

CSS	Bootstrap 4

`flex-wrap:`
 	
Docs: https://developer.mozilla.org/en-US/docs/Web/CSS/flex-wrap
 	
nowrap (default)
 	
alle Elemente werden versuchen, in einer Zeile zu bleiben
 	
wrap
 	
wenn die Elemente nicht passen, werden sie umgebrochen und erstellen eine neue Zeile darunter
 	
wrap-reverse
 	
wenn die Elemente nicht passen, werden sie umgebrochen und erstellen eine neue Zeile darüber
	Verwenden Sie eine oder mehrere der folgenden Klassen, um anzugeben, an welchen Haltepunkten die Eigenschaften angewendet werden sollen.
	
	Docs: http://getbootstrap.com/docs/4.0/utilities/flex/#wrap
	
	`.flex-nowrap`
	
	`.flex-wrap`
	
	`.flex-wrap-reverse`
	
	`.flex-(sm, md, lg, xl)-(nowrap, wrap, wrap-reverse)`

Kompakteigenschaft

Dies ist eine Kompakteigenschaft, mit der die `flex-direction` und `flex-wrap` Eigenschaften festgelegt werden. Ich schlage vor, dies zu vermeiden, bis Sie die wichtigsten Eigenschaften kennengelernt haben, da dies alles verwirrend machen könnte.

CSS	Bootstrap 4
`flex-flow:` Docs: https://developer.mozilla.org/en-US/docs/Web/CSS/flex-flow **< flex-direction > < flex-wrap >** Beispiel: `flex-flow: column-reverse wrap-reverse;` oder einfach `flex-flow: wrap-reverse;`	Da Bootstrap Klassen verwendet, ist keine Kompakteigenschaft verfügbar.

Flex Element

Möchten Sie die übergeordneten Einstellungen überschreiben und einem bestimmten Element eigene eindeutige Einstellungen zuweisen? Sie müssen zuerst eine benutzerdefinierte Klasse schreiben und sie dem Element hinzufügen, das Sie ändern möchten.

- Flexbox Elemente richten sich nach den in ihrem Container angegebenen Befehlen.
- Standardmäßig sollen Flex-Elemente alle in derselben Zeile angezeigt werden
- Einzelne Flexbox-Elemente können mit einer eindeutigen Klasse und Eigenschaft als Ziel ausgewählt werden, um die von ihrem Container angegebenen Aufträge zu überschreiben. Im folgenden Beispiel wird die Klasse `.flex-item-a` verwendet, um Anpassungen nur an `flex-item-a` vorzunehmen.

Beispiel:

HTML

```html
<div class="flex-container">
  <div class="flex-item-a">.flex-item-a</div>
  <div class="flex-item-b">.flex-item-b</div>
  <div class="flex-item-c">.flex-item-c</div>
</div>
```

CSS

```css
.flex-item-a {
  order: 3;
  font-weight: bold;
}
```

Ergebnis

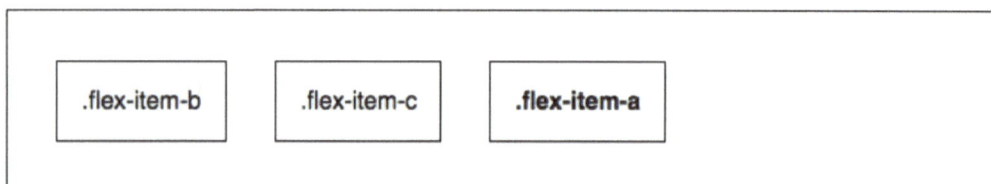

BootstrapCreative

FLEXBOX ELEMENT

Schritt 1: Möchten Sie die Reihenfolge dieses Elements relativ zu den anderen Elementen ändern?

CSS	Bootstrap 4

`order:`
 	
Docs: https://developer.mozilla.org/en-US/docs/Web/CSS/order
 	
[number]
 	
Standard ist 0
	Verwenden Sie eine oder mehrere der folgenden Klassen, um anzugeben, an welchen Haltepunkten die Eigenschaften angewendet werden sollen.
	
	Docs: http://getbootstrap.com/docs/4.0/utilities/flex/#order
	
	`.order-(1-12)`
	
	`.order-sm-(1-12)`
	
	`.order-md-(1-12)`
	
	`.order-lg-(1-12)`
	
	`.order-xl-(1-12)`

FLEXBOX ELEMENT

Schritt 2: Möchten Sie, dass dieses Element mehr Platz einnimmt als die anderen Elemente?

CSS	Bootstrap 4
`flex-grow:` **Docs:** https://developer.mozilla.org/en-US/docs/Web/CSS/flex-grow [number] Standard ist 0	Keine Klassen verfügbar

FLEXBOX ELEMENT

Schritt 3: Möchten Sie, dass dieses Element weniger Platz beansprucht als die anderen Elemente?

CSS	Bootstrap 4
`flex-shrink:` **Docs:** https://developer.mozilla.org/en-US/docs/Web/CSS/flex-shrink **[number]** Standard ist 0	Keine Klassen verfügbar

FLEXBOX ELEMENT

Schritt 4: Möchten Sie die Standardgröße dieses Elements festlegen, bevor die anderen Größen festgelegt werden?

CSS	Bootstrap 4
`flex-basis:` **Docs:**https://developer.mozilla.org/en-US/docs/Web/CSS/flex-basis **[length]** Eine Zahl, gefolgt von px, em, rem oder%. Überprüfen Sie die Dokumente auf zusätzliche Schlüsselwörter **auto (default)** meine Höhe- oder Breite-Eigenschaft anzeigen	Keine Klassen verfügbar

FLEXBOX ELEMENT

Schritt 5: Möchten Sie den Wert für Ausrichtung Elemente für dieses Element überschreiben?

CSS	Bootstrap 4

`align-self:`
 	
Docs: https://developer.mozilla.org/en-US/docs/Web/CSS/align-self
 	
auto
 	
erbt die Ausrichtung-Elemente-Eigenschaften des übergeordneten Containers
 	
flex-start
 	
der Cross-Start-Rand befindet sich in der Cross-Start-Zeile
 	
flex-end
 	
der Cross-End-Rand befindet sich in der Cross-End-Zeile
 	
center
 	
Zentren sind ausgerichtet
 	
baseline
 	
Baselines sind ausgerichtet
 	
stretch (default)
 	
den Container füllen
	Verwenden Sie eine oder mehrere der folgenden Klassen, um anzugeben, an welchen Haltepunkten die Eigenschaften angewendet werden sollen.
	
	Docs: http://getbootstrap.com/docs/4.0/utilities/flex/#align-self
	
	`.align-self-start`
	
	`.align-self-end`
	
	`.align-self-center`
	
	`.align-self-baseline`
	
	`.align-self-stretch`
	
	`.align-self-sm-(start, end, center, baseline, stretch)`
	
	`.align-self-md-(start, end, center, baseline, stretch)`
	
	`.align-self-lg-(start, end, center, baseline, stretch)`
	
	`.align-self-xl-(start, end, center, baseline, stretch)`

Kompakteigenschaft

Dies ist die Kompakteigenschaft für flex-grow, flex-shrink und flex-basis in Kombination.

CSS	Bootstrap 4

`flex:`
Docs:https://developer.mozilla.org/en-US/docs/Web/CSS/flex
 	
Beispiel:
Drei Werte: flex-grow | flex-shrink | flex-basis
`flex: 2 2 10%;`
	Da Bootstrap Klassen verwendet, ist keine Kompakteigenschaft verfügbar

Andere großartige Flexbox-Ressourcen

Es gibt viele großartige Flexbox-Tutorials und -Ressourcen, und im Folgenden sind einige aufgeführt, die mir beim Lernen und Erkunden am hilfreichsten waren.

Tutorials

- Lernen Sie CSS Flexbox aus : https://bootstrapcreative.com/flexbox-tutorial/
- Eine vollständige Anleitung zu Flexbox über css-tricks.com : https://css-tricks.com/snippets/css/a-guide-to-flexbox/
- Flexbox-Fehler : https://github.com/philipwalton/flexbugs
- CSS3 Flexible Box : https://www.w3schools.com/csS/css3_flexbox.aspx
- Flexbox Froggy – Ein Spiel, mit dem Sie Flexbox lernen können : http://flexboxfroggy.com/

Code Beispiele

- Responsive Flexbox-Bildergalerie : https://bootstrapcreative.com/pattern/responsive-image-gallery/
- Demo der Flexbox-Eigenschaften : https://codepen.io/justd/pen/yydezN
- Flexbox Playground : https://codepen.io/enxaneta/pen/adLPwv
- Beispiel für das Umbrechen von Flexbox-Spalten in Bootstrap 4 : https://codepen.io/JacobLett/pen/aJRQrN

BootstrapCreative

Colors Reference

Farben Referenz

So verwenden Sie RGBA in Ihrem CSS

```
.rgba-color {color: rgba(2, 117, 216, 0.5);}
```

RGBA ist wie Licht, das durch ein Buntglasfenster fällt. Je mehr Licht durch das Fenster fällt, desto heller wird die Farbe. Je weniger Licht durch das Fenster fällt, desto dunkler wird die Farbe. RGBA steht für Rot, Grün, Blau und Alpha. Jede Farbe hat einen Maximalwert von 255. Wenn alle RGB-Werte gleich sind, haben Sie einen Grauwert. Der Maximalwert für Alpha ist 1, was 100% bedeutet. Ein niedrigerer Alpha-Wert lässt Hintergrundfarben nicht durchscheinen.

Code Beispiel: https://codepen.io/JacobLett/pen/eRPeyj

Taste

A: Link schweben

B: Die Farbe des Fokusrahmens eingeben

C: Primär

D: Primäralarmhintergrund

E: Sekundär

F: Sekundäralarmhintergrund

G: Erfolg

H: Erfolgalarmhintergrund

I: Gefahr

J: Gefahrenalarmhintergrund

K: Alarm

L: Warnhinweis Hintergrund

M: Info

N: Hintergrundinformation

O: Licht

P: Lichtalarmhintergrund

Q: Dunkel

R: Dunkler Alarmhintergrund

Primär

	HEX		HEX		HEX
	# 007bff	A	# 0069d9	B	# 80bdff
	RGB 0.123.255		**RGB** 0.105.217		**RGB** 128.189.255

Grau

HEX	HEX	HEX	HEX
# fff	# f8f9fa	# e9ecef	# dee2e6
RGB 1.76.140	**RGB** 248.249.250	**RGB** 233.236.239	**RGB** 222.226.230
# ced4da	# adb5bd	# 868e96	# 495057
RGB 206.212.218	**RGB** 173.181.189	**RGB** 134.142.150	**RGB** 73.80.87
# 343a40	# 212529	# 000	
RGB 52.58.64	**RGB** 33.37.41	**RGB** 0.0.0	

Kontextuel

	HEX		HEX		HEX		HEX
C	# 007bff	D	# cce5ff	E	# 868e96	F	# e7e8ea
	RGB 0.123.255		**RGB** 204.229.255		**RGB** 134.142.150		**RGB** 231.232.234
G	# 28a745	H	# d4edda	I	# dc3545	J	# f8d7da
	RGB 40.167.69		**RGB** 212.237.218		**RGB** 220.53.69		**RGB** 248.215.218
K	# ffc107	L	# fff3cd	M	# 17a2b8	N	# d1ecf1
	RGB 255.193.7		**RGB** 255.243.205		**RGB** 23.162.184		**RGB** 209.236.241
O	# f8f9fa	P	# fefefe	Q	# 343a40	R	# d6d8d9
	RGB 248.249.250		**RGB** 254.254.254		**RGB** 52.58.64		**RGB** 214.216.217

CSS-Variablen

```
<!-- Beachten Sie, dass :root erforderlich
ist -->
:root {
  --blue: #007bff;
  --indigo: #6610f2;
  --purple: #6f42c1;
  --pink: #e83e8c;
  --red: #dc3545;
  --orange: #fd7e14;
  --yellow: #ffc107;
  --green: #28a745;
  --teal: #20c997;
  --cyan: #17a2b8;
  --white: #fff;
  --gray: #6c757d;
  --gray-dark: #343a40;
  --primary: #007bff;
  --secondary: #6c757d;
  --success: #28a745;
  --info: #17a2b8;
  --warning: #ffc107;
  --danger: #dc3545;
  --light: #f8f9fa;
  --dark: #343a40;
  --breakpoint-xs: 0;
  --breakpoint-sm: 576px;
  --breakpoint-md: 768px;
  --breakpoint-lg: 992px;
  --breakpoint-xl: 1200px;
  --font-family-sans-serif: -apple-system,
BlinkMacSystemFont, "Segoe UI", Roboto,
"Helvetica Neue", Arial, sans-serif,
"Apple Color Emoji", "Segoe UI Emoji",
"Segoe UI Symbol";
  --font-family-monospace: SFMono-Regular,
Menlo, Monaco, Consolas, "Liberation
Mono", "Courier New", monospace;
}
```

Wie man diese verwendet

CSS-Variablen werden in den meisten modernen Browsern mit Ausnahme von IE11 und darunter unterstützt. Informationen zur aktuellen Browserunterstützung finden Sie unter https://caniuse.com/#feat=css-variables

Im Folgenden finden Sie ein Beispiel dafür, wie Sie diese Variablen für Ihre benutzerdefinierten Komponenten verwenden können.

Beispiel

```
.class-name {
  color: var(--blue);
}
```

BootstrapCreative

Bootstrap 3

Bootstrap 3.4.1

CSS

```
<link rel="stylesheet" href="https://stackpath.bootstrapcdn.com/bootstrap/3.4.1/css/
bootstrap.min.css" integrity="sha384-HSMxcRTRxnN+Bdg0JdbxYKrThecOKuH5zCYotlSAcp1+c8xmy
Te9GYg1l9a69psu" crossorigin="anonymous">
```

JS

JS ist nur erforderlich, wenn Sie eine oder alle der folgenden Komponenten verwenden möchten:
Alerts, Buttons, Carousel, Collapse, Dropdowns, Modals, Navbar, Tooltips and Scrollspy

```
<script src="https://ajax.googleapis.com/ajax/libs/jquery/1.12.4/jquery.min.js"></
script>
```

```
<script src="https://stackpath.bootstrapcdn.com/bootstrap/3.4.1/js/bootstrap.min.js"
integrity="sha384-aJ21OjlMXNL5UyIl/XNwTMqvzeRMZH2w8c5cRVpzpU8Y5bApTppSuUkhZXN0VxHd"
crossorigin="anonymous"></script>
```

CSS	JavaScript	Components	
Typografie	Transitions	Glyphicons	Page header
Code	Modal	Dropdowns	Thumbnails
Tabellen	Dropdown	Button groups	Alerts
Formen	Scrollspy	Button dropdowns	Progress bars
Tasten	Tab	Input groups	Media object
Bilder	Tooltip	Navs	List group
Hilfklassen	Popover	Navbar	Panels
Responsive Werkzeuge	Alert	Breadcrumbs	Responsive embed
	Button	Pagination	Wells
	Collapse	Labels	
	Carousel	Badges	
	Affix	Jumbotron	

BootstrapCreative

Grid

Grundgrid - die volle Breite beträgt 12 Spalten

```html
<!-- Ändern Sie .container zu .container-
fluid, um die volle Breite zu erhalten -->
<div class="container">
 <!-- Spalten sind auf Mobilgeräten und
Desktops immer zu 50% breit -->
 <div class="row">
   <div class="col-xs-6">.col-xs-6</div>
   <div class="col-xs-6">.col-xs-6</div>
 </div>
 <!-- Beispiel für verschachtelte Spalten
-->
 <div class="row">
   <div class="col-xs-6">.col-xs-6</div>
   <div class="col-xs-6">.col-xs-6
    <div class="row">
      <div class="col-md-6">100% mobile
50% everywhere else</div>
      <div class="col-md-6">100% mobile
50% everywhere else</div>
    </div>
   </div>
 </div>
</div>
```

Medien-Anfragen

```css
/* Extra kleine Geräte (Telefone mit
weniger als 768px) Keine Medienabfrage, da
dies die Standardeinstellung in Bootstrap
ist */
/* klein (Tablets, 768px und höher) */
@media (min-width: @screen-sm-min) { ... }
/* medium (Desktops, 992px und höher) */
@media (min-width: @screen-md-min) { ... }
/* groß (große Desktops, ab 1200px) */
@media (min-width: @screen-lg-min) { ... }
```

Text & Bilder

`.text-left` Linksbündiger Text

`.text-center` Zentrierter Text

`.text-right` Rechtsbündiger Text

`.text-justify` Ausgerichteter Text

`.text-nowrap` Kein Zeilenumbruch

`.text-lowercause` Kleinbuchstaben

`.text-uppercase` Großbuchstaben

`.text-capitalize` Großgeschriebener Text

`.lead` Gut für den ersten Absatz des Artikels

`.list-unstyled` Entfernt den Standard-Listenrand / -abstand

`.list-inline` Macht Listenelemente inline

`.dl-horizontal` Legt fest, dass Listenelemente zwei Spalten enthalten

`.img-responsive` Macht ein Bild responsiv

`.img-rounded` Fügt dem Bild abgerundete Ecken hinzu

`.img-circle` Beschneidet das Bild als Kreis

`.img-thumbnail` Fügt einem Bild eine abgerundete Ecke und einen Rand hinzu

`.pull-left` Schwebt das Element nach links

`.pull-right` Schwebt das Element nach rechts

`.center-block` Blockiert ein Element mit auto linken und rechten Rand

`.clearfix` Löschen Sie Floats, indem Sie diese Klasse zum übergeordneten Container

Blockquote

```html
<blockquote><p>Lorem ipsum dolor</p>
<footer>Someone famous in <cite
title="Source Title">Source Title</
cite></footer></blockquote>
```

Headings

```html
<h1>h1. Bootstrap heading
<small>Secondary text</small></h1>
<p class="h1">Paragraph that looks like
heading</p>
```

Navbar

```html
<!-- Fixed top navbar with brand as logo image tags -->
<nav class="navbar navbar-default navbar-fixed-top">
  <div class="container-fluid">
    <!-- Brand and toggle get grouped for better mobile display -->
    <div class="navbar-header">
      <button type="button" class="navbar-toggle collapsed" data-toggle="collapse" data-target="#bs-example-navbar-collapse-1" aria-expanded="false">
        <span class="sr-only">Toggle navigation</span>
        <span class="icon-bar"></span>
        <span class="icon-bar"></span>
        <span class="icon-bar"></span>
      </button>
      <a class="navbar-brand" href="#"><img alt="Brand" src="..."></a>
    </div>
    <!-- Collect the nav links, forms, and other content for toggling -->
    <div class="collapse navbar-collapse" id="bs-example-navbar-collapse-1">
      <ul class="nav navbar-nav">
        <li class="active"><a href="#">Link <span class="sr-only">(current)</span></a></li>
        <li><a href="#">Link</a></li>
        <li class="dropdown">
          <a href="#" class="dropdown-toggle" data-toggle="dropdown" role="button" aria-haspopup="true" aria-expanded="false">Dropdown <span class="caret"></span></a>
          <ul class="dropdown-menu">
            <li><a href="#">Action</a></li>
            <li role="separator" class="divider"></li>
            <li><a href="#">Separated link</a></li>
          </ul>
        </li>
      </ul>
    </div><!-- /.navbar-collapse -->
  </div><!-- /.container-fluid -->
</nav>
```

Forms

```
<form>
  <div class="form-group">
    <label for="exampleInputEmail1">Email address</label>
    <input type="email" class="form-control" id="exampleInputEmail1"
placeholder="Email">
  </div>
  <div class="form-group">
    <label for="exampleInputPassword1">Password</label>
    <input type="password" class="form-control" id="exampleInputPassword1"
placeholder="Password">
  </div>
  <div class="form-group">
    <label for="exampleInputFile">File input</label>
    <input type="file" id="exampleInputFile">
    <p class="help-block">Example block-level help text here.</p>
  </div>
  <div class="checkbox">
    <label><input type="checkbox"> Check me out</label>
  </div>
  <button type="submit" class="btn btn-default">Submit</button>
</form>
```

Schaltflächen

.btn Muss allen Schaltflächen hinzugefügt werden, da hierdurch Abstand und Rand hinzugefügt werden

.btn-default Der Standardschaltflächenstil

.btn-primary Die Schaltfläche mit der primären Aktion in einer Gruppe

.btn-success Kann für die letzte Senden-Schaltfläche in einem Formular verwendet werden

.btn-info Informationstaste

.btn-link Entfernt Hintergrundfarbe und fügt Textfarbe hinzu

.btn-(lg,sm, xs) Große Schaltfläche, kleiner als die Standardschaltfläche, noch kleiner

.btn-block Button that spans full width of parent

Example

```
<a class="btn btn-default" href="#" role="button">Link</a>
```

Carousel

```
<div id="carousel-example-generic" class="carousel slide" data-ride="carousel">
  <!-- Indicators -->
  <ol class="carousel-indicators">
    <li data-target="#carousel-example-generic" data-slide-to="0" class="active"></li>
    <li data-target="#carousel-example-generic" data-slide-to="1"></li>
  </ol>
  <!-- Wrapper for slides -->
  <div class="carousel-inner" role="listbox">
    <div class="item active">
      <img src="..." alt="...">
      <div class="carousel-caption">
        ...
      </div>
    </div>
    <div class="item">
      <img src="..." alt="...">
      <div class="carousel-caption">
        ...
      </div>
    </div>
    ...
  </div>
  <!-- Controls -->
  <a class="left carousel-control" href="#carousel-example-generic" role="button" data-slide="prev">
    <span class="glyphicon glyphicon-chevron-left" aria-hidden="true"></span>
    <span class="sr-only">Previous</span>
  </a>
  <a class="right carousel-control" href="#carousel-example-generic" role="button" data-slide="next">
    <span class="glyphicon glyphicon-chevron-right" aria-hidden="true"></span>
    <span class="sr-only">Next</span>
  </a>
</div>
```

Jumbotron

```
<div class="jumbotron">
  <h1>Hello, world!</h1>
  <p>...</p>
  <p><a class="btn btn-primary btn-lg" href="#" role="button">Learn more</a></p>
</div>
```

To make the jumbotron full width, and without rounded corners, place it outside all .containers and instead add a .container within.

```
<div class="jumbotron">
  <div class="container">...</div>
</div>
```

Page header

```
<div class="page-header">
  <h1>Example page header <small>Subtext for header</small></h1>
</div>
```

Breadcrumbs

```
<ol class="breadcrumb">
  <li><a href="#">Home</a></li>
  <li><a href="#">Library</a></li>
  <li class="active">Data</li>
</ol>
```

Responsive embed

```
<!-- 16:9 aspect ratio - change aspect ratio by replacing 16by9 with 4by3 -->
<div class="embed-responsive embed-responsive-16by9">
  <iframe class="embed-responsive-item" src="..."></iframe>
</div>
```

Tabellen

```
<!-- Responsive Tabelle mit allen angewendeten Optionen  -->
<div class="table-responsive">
  <table class="table table-condensed table-hover table-bordered table-striped">
 <tr class="active">...</tr>
 <tr>
    <td class="info">...</td>
 </tr>
   </table>
</div>
```

Alphabetischer Index der CSS-Klassen

.active

.affix

.alert

.alert-danger

.alert-dismissible

.alert-info

.alert-link

.alert-success

.alert-warning

.arrow

.badge

.bg-danger

.bg-info

.bg-primary

.bg-success

.bg-warning

.bottom

.breadcrumb

.btn

.btn-block

.btn-danger

.btn-default

.btn-group

.btn-group-justified

.btn-group-vertical

.btn-info

.btn-link

.btn-primary

.btn-sm

.btn-success

.btn-toolbar

.btn-warning

.btn-xs

.caption

.caret

.carousel

.carousel-caption

.carousel-control

.carousel-indicators

.carousel-inner

.center-block

.checkbox

.checkbox-inline

.close

.col-lg-* /*(1-12)*/

.col-lg-offset-* /*(0-12)*/

.col-lg-pull-* /*(0-12)*/

.col-lg-push-* /*(0-12)*/

.col-md-* /*(1-12)*/

.col-md-offset-* /*(0-12)*/

.col-md-pull-* /*(0-12)*/

.col-md-push-* /*(0-12)*/

.col-sm-* /*(1-12)*/

.col-sm-offset-* /*(0-12)*/

.col-sm-pull-* /*(0-12)*/

.col-sm-push-* /*(0-12)*/

.col-xs-* /*(1-12)*/

.col-xs-offset-* /*(0-12)*/

.col-xs-pull-* /*(0-12)*/

.col-xs-push-* /*(0-12)*/

.collapse

.collapsing

.container

.container-fluid

.control-label

.divider

Bootstrap 3

.dropdown

.dropdown-backdrop

.dropdown-header

.dropdown-menu

.dropdown-menu-left

.dropdown-menu-right

.dropdown-toggle

.embed-responsive

.embed-responsive-16by9

.embed-responsive-4by3

.fade

.form-control

.form-control-feedback

.form-control-static

.form-group

.glyphicon

.glyphicon-chevron-left

.glyphicon-chevron-right

.h1

.h2

.h3

.h4

.h5

.h6

.has-feedback

.help-block

.hidden

.hidden-lg

.hidden-md

.hidden-print

.hidden-sm

.hidden-xs

.hide

.icon-bar

.icon-next

.icon-prev

.img-circle

.img-rounded

.img-thumbnail

.in

.initialism

.input-group

.input-group-addon

.input-group-btn

.input-lg

.input-sm

.invisible

.item

.jumbotron

.label

.label-danger

.label-default

.label-info

.label-primary

.label-success

.label-warning

.lead

.left

.list-group

.list-group-item

.list-group-item-danger

.list-group-item-heading

.list-group-item-info

.list-group-item-success

.list-group-item-text

.list-group-item-warning

.list-inline

.list-unstyled

.mark

.media

.media-body

.media-heading

.media-list

.media-object

.modal

.modal-backdrop

.modal-body

.modal-content

.modal-dialog

.modal-footer

.modal-header

.modal-lg

.modal-open

.modal-scrollbar-measure

.modal-sm

.modal-title

.nav

.nav-divider

.nav-justified

.nav-tabs

.nav-tabs-justified

.navbar

.navbar-brand

.navbar-btn

.navbar-collapse

.navbar-default

.navbar-fixed-bottom

.navbar-fixed-top

.navbar-form

.navbar-header

.navbar-inverse

.navbar-left

.navbar-link

.navbar-nav

.navbar-right

.navbar-static-top

.navbar-text

.navbar-toggle

.next

.page-header

.pager

.pagination

.panel

.panel-body

.panel-danger

.panel-default

.panel-footer

.panel-group

.panel-heading

.panel-info

.panel-primary

.panel-success

.panel-title

.panel-warning

.popover

.popover-content

.popover-title

.pre-scrollable

.prev

.progress

.progress-bar

.progress-bar-danger

.progress-bar-info

.progress-bar-striped

.progress-bar-success

.progress-bar-warning

.pull-left

.pull-right

.right

.row

Bootstrap 3

.row-no-gutters
.show
.small
.sr-only
.tab-pane
.table
.table-bordered
.table-responsive
.text-capitalize
.text-center
.text-danger
.text-hide
.text-info
.text-justify
.text-left
.text-lowercase
.text-muted
.text-nowrap
.text-primary
.text-right
.text-success
.text-uppercase
.text-warning
.thumbnail
.tooltip
.tooltip-arrow
.tooltip-inner
.top
.visible-lg
.visible-lg-block
.visible-lg-inline
.visible-lg-inline-block
.visible-md
.visible-md-block
.visible-md-inline

.visible-md-inline-block
.visible-print
.visible-print-block
.visible-print-inline
.visible-print-inline-block
.visible-sm
.visible-sm-block
.visible-sm-inline
.visible-sm-inline-block
.visible-xs
.visible-xs-block
.visible-xs-inline
.visible-xs-inline-block
.well
.well-lg
.well-sm

BootstrapCreative

CSS Reference

CSS Referenz

HTML definiert den Seiteninhalt und CSS-Stile. CSS steht für Cascading Style Sheets und wendet den visuellen Stil auf den Seiteninhalt an. CSS verwendet das "Box-Modell", um HTML-Elemente zu beschreiben.

Das CSS-Box-Modell ist ein Container, der alle Elemente umschließt und Ebenen enthält. Es besteht aus Content (Inhalt), Padding (Abstand), Border (Rahmen) und Margin (Rand).

Content - Der Inhalt des Boxes, in dem Text und Bilder angezeigt werden

Padding - Löscht einen Bereich um den Inhalt. Der Abstand ist transparent

Border - Ein Rand, der den Abstand und den Inhalt umgibt

Margin - Löscht einen Bereich außerhalb des Rahmens. Der Rand ist transparent

Color Key:

Content   Padding   Border   Margin

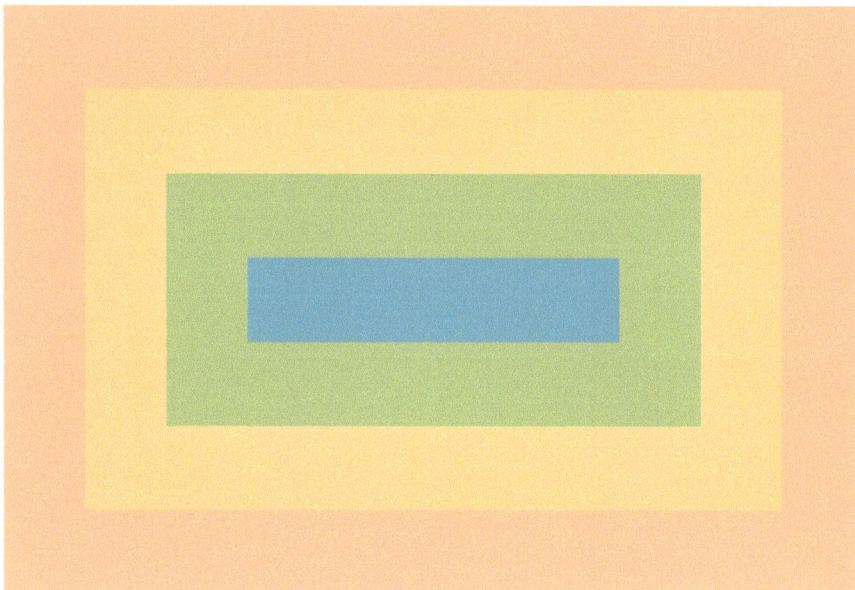

BootstrapCreative

CSS Selectoren

.class
#id
*
element
element,element
element element
element>element
element+element
element1~element2
[attribute]
[attribute=value]
[attribute~=value]
[attribute|=value]
[attribute^=value]
[attribute$=value]
[attribute*=value]

Kombinatoren

(space) descendant selector
> child selector
+ adjacent sibling selector
~ general sibling selector

Pseudoelemente

::after
::before
::first-letter
::first-line
::selection

Pseudoklassen

:active
:checked
:disabled
:empty
:enabled
:first-child
:first-of-type
:focus
:hover
:in-range
:invalid
:lang(language)
:last-child
:last-of-type
:link
:not(selector)
:nth-child(n)
:nth-last-child(n)
:nth-last-of-type(n)
:nth-of-type(n)
:only-of-type
:only-child
:optional
:out-of-range
:read-only
:read-write
:required
:root
:target
:valid
:visited

CSS Vendor Prefixes

-ms-
Microsoft

mso-
Microsoft Office

-moz-
Mozilla Foundation (Gecko-based browsers)

-o-, -xv-
Opera Software

-atsc-
Advanced Television Standards Committee

-wap-
The WAP Forum

-webkit-
Safari, Chrome (and other WebKit-based browsers)

-khtml-
Konqueror browser

-apple-
Webkit supports properties using the
-apple-
prefixes as well

prince-
YesLogic

-ah-
Antenna House

-hp-
Hewlett Packard

-ro-
Real Objects

-rim-
Research In Motion

-tc-
Tall Components

CSS Einheiten

cm
Zentimeter

mm
Millimeter

in
Zoll (1in = 96px = 2.54cm)

px
Pixel (1px = 1/96th of 1in)

pt
Punkte (1pt = 1/72 of 1in)

pc
Picas (1pc = 12 pt)

em
Relativ zur Schriftgröße des Elements

ex
Relativ zur x-Höhe der aktuellen
Schriftart (selten verwendet)

ch
Relativ zur Breite der "0" (Null)

rem
Relativ zur Schriftgröße des Root-
Elements

vw
Relativ zu 1% der Breite des
Ansichtsfensters*

vh
Relativ zu 1% der Höhe des
Ansichtsfensters*

vmin
Relativ zu 1% der kleineren Dimension des
Ansichtsfensters*

vmax
Relativ zu 1% der größeren Dimension des
Ansichtsfensters*

%
Relativ zum übergeordneten Element

CSS Funktionen

attr()
Gibt den Wert eines Attributs des
ausgewählten Elements zurück

calc()
Ermöglicht das Durchführen von
Berechnungen zum Ermitteln von CSS-
Eigenschaftswerten

cubic-bezier()
Definiert eine kubische Bezierkurve

hsl()
Definiert Farben mit dem Hue-Saturation-
Lightness-Modell (HSL)

hsla()
Definiert Farben mit dem Modell Hue-
Saturation-Lightness-Alpha (HSLA)

linear-gradient()
Legt einen linearen Farbverlauf als
Hintergrundbild fest. Definiere mindestens
zwei Farben (von oben nach unten)

radial-gradient()
Legt einen radialen Verlauf als
Hintergrundbild fest. Definiere mindestens
zwei Farben (Mitte zu Kanten)

repeating-linear-gradient()
Wiederholt einen linearen Farbverlauf

repeating-radial-gradient()
Wiederholt einen radialen Verlauf

rgb()
Definiert Farben mit dem Rot-Grün-Blau-
Modell (RGB)

rgba()
Definiert Farben mit dem Rot-Grün-Blau-
Alpha-Modell (RGBA)

var()
Fügt den Wert einer benutzerdefinierten
Eigenschaft ein

Standardwerte für CSS-Eigenschaften

animation : none;

animation-delay : 0;

animation-direction : normal;

animation-duration : 0;

animation-fill-mode : none;

animation-iteration-count : 1;

animation-name : none;

animation-play-state : running;

animation-timing-function : ease;

backface-visibility : visible;

background : 0;

background-attachment : scroll;

background-clip : border-box;

background-color : transparent;

background-image : none;

background-origin : padding-box;

background-position : 0 0;

background-position-x : 0;

background-position-y : 0;

background-repeat : repeat;

background-size : auto auto;

border : 0;

border-style : none;

border-width : medium;

border-color : inherit;

border-bottom : 0;

border-bottom-color : inherit;

border-bottom-left-radius : 0;

border-bottom-right-radius : 0;

border-bottom-style : none;

border-bottom-width : medium;

border-collapse : separate;

border-image : none;

border-left : 0;

border-left-color : inherit;

border-left-style : none;

border-left-width : medium;

border-radius : 0;

border-right : 0;

border-right-color : inherit;

border-right-style : none;

border-right-width : medium;

border-spacing : 0;

border-top : 0;

border-top-color : inherit;

border-top-left-radius : 0;

border-top-right-radius : 0;

border-top-style : none;

border-top-width : medium;

bottom : auto;

box-shadow : none;

box-sizing : content-box;

caption-side : top;

clear : none;

clip : auto;

color : inherit;

CSS Reference

```
columns : auto;

column-count : auto;

column-fill : balance;

column-gap : normal;

column-rule : medium none currentColor;

column-rule-color : currentColor;

column-rule-style : none;

column-rule-width : none;

column-span : 1;

column-width : auto;

content : normal;

counter-increment : none;

counter-reset : none;

cursor : auto;

direction : ltr;

display : inline;

empty-cells : show;

float : none;

font : normal;

font-family : inherit;

font-size : medium;

font-style : normal;

font-variant : normal;

font-weight : normal;

height : auto;

hyphens : none;

left : auto;

letter-spacing : normal;

line-height : normal;

list-style : none;
```

```
list-style-image : none;

list-style-position : outside;

list-style-type : disc;

margin : 0;

margin-bottom : 0;

margin-left : 0;

margin-right : 0;

margin-top : 0;

max-height : none;

max-width : none;

min-height : 0;

min-width : 0;

opacity : 1;

orphans : 0;

outline : 0;

outline-color : invert;

outline-style : none;

outline-width : medium;

overflow : visible;

overflow-x : visible;

overflow-y : visible;

padding : 0;

padding-bottom : 0;

padding-left : 0;

padding-right : 0;

padding-top : 0;

page-break-after : auto;

page-break-before : auto;

page-break-inside : auto;

perspective : none;
```

BootstrapCreative

```css
perspective-origin : 50% 50%;

position : static;

/* May need to alter quotes for different
locales (e.g fr) */

quotes : '\201C' '\201D' '\2018' '\2019';

right : auto;

tab-size : 8;

table-layout : auto;

text-align : inherit;

text-align-last : auto;

text-decoration : none;

text-decoration-color : inherit;

text-decoration-line : none;

text-decoration-style : solid;

text-indent : 0;

text-shadow : none;

text-transform : none;

top : auto;

transform : none;

transform-style : flat;

transition : none;

transition-delay : 0s;

transition-duration : 0s;

transition-property : none;

transition-timing-function : ease;

unicode-bidi : normal;

vertical-align : baseline;

visibility : visible;

white-space : normal;

widows : 0;
```

```css
width : auto;

word-spacing : normal;

z-index : auto;
```

CSS-Komponentenstruktur

Es ist wichtig zu verstehen, dass Bootstrap sich auf Komponenten und Dienstprogrammklassen konzentriert. Beim Schreiben Ihrer benutzerdefinierten Stile wird empfohlen, die Stile nicht nach Seiten, sondern nach Komponenten zu ordnen.

Wenn Sie eine neue Komponente erstellen, die nicht Teil von Bootstrap ist, können Sie sie in dem im Beispiel rechts gezeigten Format schreiben. Beginnen Sie mit Ihren Basisstilen, die alle Variationen gemeinsam haben, damit Sie nicht mit Stilen überflüssig werden.

Als Nächstes schreiben Sie Ihre Unterkomponentenstile und Variationsstile. Medienabfragestile sollten unter jeder Komponente und nicht in einem separaten Stylesheet hinzugefügt werden. Dies wird die zukünftige Wartung erheblich verbessern, da Sie wissen, welche Stile betroffen sind, wenn sich eine Komponente ändert.

```css
/*
 * Komponentenabschnittsüberschrift
 *
 * Komponentenbeschreibung und
Verwendung
 */

/* Basis - gemeinsame Stile */
.component { width: 220px; }

/* Unterkomponente */
.component-heading {
  display: block;
  width: 100px;
  font-size: 1rem;
}

/* Variante - Alarmfarbe */
.component-alert {
  color: #ff0000;
}

/* Variante - Erfolgfarbe */
.component-success {
  color: #00ff00;
}


@media (min-width: 480px) {
  .component-heading { width:auto; }
}
```

BootstrapCreative

Responsive Bilder

So erstellt man Responsive Bilder

Die beiden größten Einschränkungen von Smartphones sind langsame Internetverbindungen und kleine Bildschirme. Responsive Bilder tragen zur Verbesserung der Benutzerfreundlichkeit bei, indem sie die optimale Bildgröße basierend auf der Bildschirmgröße laden. HTML bietet dazu zwei Möglichkeiten: Verwenden Sie das Element `<picture>` oder fügen Sie srcset zu einem vorhandenen img-Tag hinzu.

Bildelement

Das Bildelement gibt Ihnen viel Kontrolle darüber, wie Ihr Bild auf verschiedenen Haltepunkten und Retina-Displays aussieht. Wenn Sie die Größe Ihres Fensters ändern, lädt der Browser das erforderliche Bild. Das Erstellen der Bilder erfordert im Vorfeld mehr Arbeit, aber die Steuerung lohnt sich an prominenten Orten wie Karussells.

- CodePen mit verschiedenen Bildproportionen : https://codepen.io/JacobLett/pen/NjramL
- Wenn Sie IE11 oder eine der folgenden Versionen unterstützen müssen, verwenden Sie diese Polyfill : http://scottjehl.github.io/picturefill/

Wann zu verwenden

- Wenn Sie ändern möchten, wie ein Bild an verschiedenen Haltepunkten aussieht (Größe, Zuschneiden usw.)
- Carousels and Image cards

```
<picture>
  <source srcset="https://dummyimage.com/2000x400/000/fff"
media="(min-width: 1400px)">
  <source srcset="https://dummyimage.com/1400x400/000/fff"
media="(min-width: 768px)">
  <source srcset="https://dummyimage.com/800x400/000/fff"
media="(min-width: 576px)">
  <img srcset="https://dummyimage.com/600x400/000/fff" alt=""
class="d-block img-fluid">
</picture>
<!-- If a picture looks blurry on a retina device you can add a high res img like this -->
<source srcset="img/blog-post-1000x600-2.jpg, blog-post-
1000x600-2@2x.jpg 2x" media="(min-width: 768px)">
```

BootstrapCreative

Image srcset

Image srcset ist ein Attribut, das einem Image-Tag hinzugefügt wird und dem Browser abhängig von der Breite des Ansichtsfensters verschiedene Bilder zur Verfügung stellt. Es wird am besten verwendet, wenn Sie nur wenig Kontrolle darüber benötigen, wie es zugeschnitten und in der Größe angezeigt wird. Sie möchten jedoch das Laden von Seiten auf Mobilgeräten beschleunigen und Bildpixel auf Retina-Displays beseitigen. Wenn Sie IE11 und niedriger unterstützen müssen, verwenden Sie dieses Polyfill (http://scottjehl.github.io/picturefill/).

Eine Herausforderung bei dieser Lösung besteht darin, dass das Bild beim Laden der Seite geladen wird und sich nicht ändert, wenn die Größe des Browsers aufgrund von Bild-Caching geändert wird. Im Folgenden finden Sie die Schritte zum Deaktivieren des Browser-Cache in Chrome DevTools.

- Klicken Sie mit der **rechten Maustaste** und wählen Sie **Inspect Element**, um die DevTools zu öffnen.
- Klicken Sie in der Symbolleiste auf **Netzwerk**, um den Netzwerkbereich zu öffnen.
- Aktivieren Sie das Kontrollkästchen **Cache deaktivieren** oben.

Damit der Browser-Cache deaktiviert bleibt, müssen Sie DevTools beim Testen Ihrer Site geöffnet lassen.

Wann zu verwenden

- Blog Post Bilder
- Jedes Bild, das Sie gleich aussehen möchten (gleiche Proportionen und Bild), aber nur die Auflösung erhöhen möchten.

```
<img src="https://dummyimage.com/400x200/000/fff"
srcset="https://dummyimage.com/800x400/000/fff 1000w, https://
dummyimage.com/1600x600/000/fff 2000w, https://dummyimage.
com/1600x600/000/fff 2x" alt="">
```

Vergleich der Bildformate

BMP

Das BMP-Dateiformat (Windows-Bitmap) ist normalerweise nicht komprimiert und daher groß und verlustfrei.

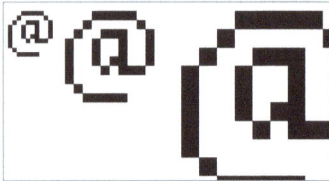

- **Eigenschaften:** Raster, verlustfrei
- **Nachteile:** Größere Dateigröße
- **Verwendungszweck:** Windows-Anwendungen

JPG/JPEG

JPEG (Joint Photographic Experts Group) ist eine verlustbehaftete Komprimierungsmethode und das häufigste Bildformat im Web.

- **Eigenschaften:** Raster, verlustbehaftet
- **Nachteile:** Hat keine Transparenz
- **Verwendungszweck:** Fotos mit vielen Farbverläufen und Farben.

TIFF

Das TIFF-Format (Tagged Image File Format) kann ohne Komprimierung und CMYK-Farbprofile gespeichert werden. Daher eignet es sich am besten für hochwertige Bilder im Druckdesign.

- **Eigenschaften:** Raster, verlustfrei
- **Nachteile:** Große Dateigröße
- **Verwendungszweck:** Am besten für den Druck geeignet. Als Alternative sollte JPG verwendet werden.

GIF

GIF (Graphics Interchange Format) eignet sich am besten zum Speichern von Grafiken mit wenigen Farben, wie einfachen Diagrammen, Formen, Logos und Bildern im Cartoon-Stil. Es wird auch häufig verwendet, um Bildanimationseffekte bereitzustellen.

- **Eigenschaften:** Raster, verlustfrei
- **Nachteile:** Speichern von Indexfarben und Herabstufung der Qualität
- **Verwendungszweck:** Animationen hauptsächlich, weil PNG8 eine bessere Alternative ist.

PNG8

Das PNG-Dateiformat (Portable Network Graphics) wurde als kostenlose Open-Source-Alternative zu GIF erstellt.

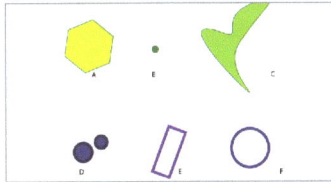

- **Eigenschaften:** Raster, Transparenz, verlustfrei
- **Nachteile:** Unterstützt nur 256 Farben.
- **Verwendungszweck:** Logos, Icons, Strichzeichnungen. Ein GIF-Ersatz.

PNG32

Das PNG-Dateiformat (Portable Network Graphics) wurde als Open-Source-Alternative zu GIF erstellt.

- **Eigenschaften:** Raster, Transparenz, verlustfrei
- **Nachteile:** Dateigrößen können groß werden
- **Verwendungszweck:** Wenn Sie ein Foto mit JPEG-Transparenz möchten, Bilder mit Farbverläufen

SVG

SVG (Scalable Vector Graphics) ist ein offener Standard für ein vielseitiges, skriptfähiges und universell einsetzbares Vektorformat für das Web.

- **Eigenschaften:** Vektor, Transparenz
- **Nachteile:** Schwieriger einzurichten und erfordert oft Javascript zum Laden
- **Verwendungszweck:** Icons, Logos, Texte die auf Retina-Displays von hoher Qualität sein sollen

WEBP

WebP wurde von Google entwickelt und ist ein modernes Bildformat, das eine überragende verlustfreie und verlustbehaftete Komprimierung von Bildern im Web bietet.

25-34% kleiner als vergleichbare JPEG- und PNG-Bilder.

- **Eigenschaften:** Raster, Transparenz
- **Nachteile:** Derzeit (2019) nicht in IE, FIrefox oder Safari unterstützt.
- **Verwendungszweck:** Für alles, solange Ihr Browser es unterstützt. Oder Sie können Image-Fallbacks bereitstellen.

Lossy vs lossless? Einige Formate verwenden beim Speichern von Bildern Komprimierungsalgorithmen, die entweder Informationen löschen (verlustbehaftet) oder alle Bildinformationen behalten (verlustfrei). Verlustfreie Bilder sind größer, erleichtern jedoch das Öffnen und Bearbeiten von Bildern, falls erforderlich.

Fotobearbeitungssoftware

Desktop

- Adobe Photoshop : https://www.adobe.com/products/photoshopfamily.html
- Gimp : https://www.gimp.org/
- Affinity Photo : https://affinity.serif.com/en-us/photo/

Online

- Photopea : https://www.photopea.com/
- Canva : https://www.canva.com/
- Pixlr : https://pixlr.com/

Lizenzfreie Stockfotos

- https://unsplash.com/
- https://burst.shopify.com/
- https://www.reshot.com/
- https://pixabay.com/
- https://gratisography.com/

Weitere Referenz

CSS Regelsatz

Ein Regelsatz ist ein einzelner Abschnitt von CSS, der die Auswahl, die geschweiften Klammern und die verschiedenen Zeilen mit Eigenschaften und Werten enthält. Der Code im folgenden Beispiel besteht aus einem Regelsatz.

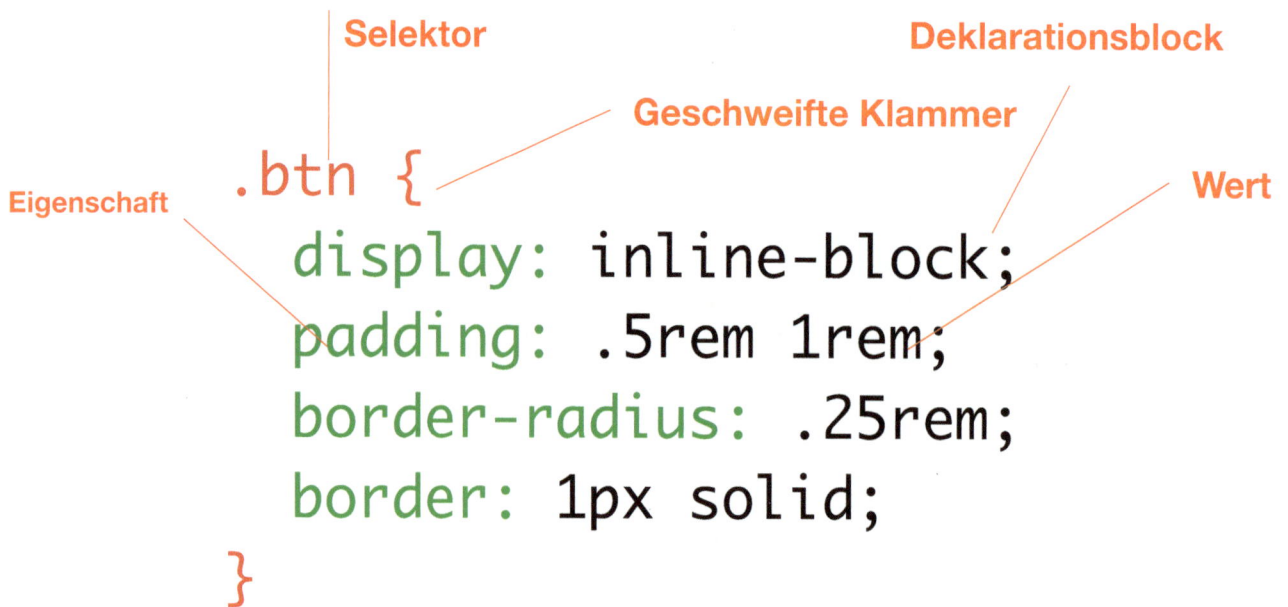

Selektor　　　　　　　　　　**Deklarationsblock**

Geschweifte Klammer

Eigenschaft　　　　　　　　　　　　　　　　　**Wert**

```css
.btn {
    display: inline-block;
    padding: .5rem 1rem;
    border-radius: .25rem;
    border: 1px solid;
}
```

Die Teile einer URL

Die oben angegebene URL (Uniform Resource Locator) entspricht der rechts gezeigten Ordnerstruktur. Sie haben die Möglichkeit, die WWW-Unterdomäne nicht zu verwenden, indem Sie den empfangenen Datenverkehr nur zu Ihrer Domain umleiten. Die Abfragezeichenfolge beginnt mit einem ? und alle zusätzlichen Parameter beginnen mit einem &.

Protokoll **Domain** **Verzeichnis** **Parameter 1** **Hash**

Wert 1

https://www.bootstrapcreative.com/design/?filter=a&meta=b#top

Subdomain **Abfragezeichenfolge**

Wert 2

TLD: Top Level Domain **Parameter 2**

jQuery und das DOM

jQuery ist eine DOM-Manipulationsbibliothek (Document Object Model). Das DOM ist eine Baumstrukturdarstellung aller Elemente einer Webseite. jQuery vereinfacht die Syntax zum Suchen, Auswählen und Bearbeiten dieser DOM-Elemente.

Javascript Kommentar

Ruft die Tooltip-Funktion von Bootstrap 4 auf und führt sie aus

Document Ready Funktion

jQuery DOM Selektor

camelCase-Variablennamen und Präfix jQuery-Variablen mit $

```javascript
$(function() {
  // enable toggles everywhere
  $('[data-toggle="tooltip"]').tooltip();


  var variableName = "global variable";
  var $bodyID = $("body").attr("id");
  console.log("Body ID #" + $bodyID);
  // Body ID #home


}); // document ready - end
```

Console Log Function schreibt eine Nachricht in Chrome Dev Tools. Zum Testen verwenden.

BootstrapCreative

HTML-Elementteile

Abkürzung für HyperText Markup Language, die Autorensprache, mit der Dokumente im World Wide Web erstellt werden. HTML definiert die Struktur und das Layout eines Webdokuments mithilfe verschiedener Tags und Attribute.

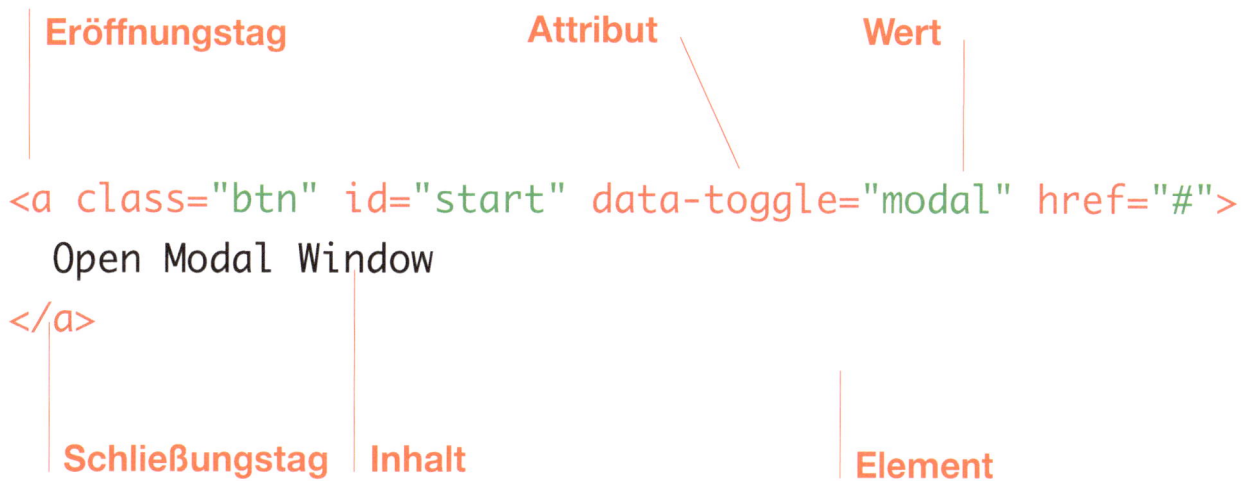

Eröffnungstag   **Attribut**   **Wert**

```
<a class="btn" id="start" data-toggle="modal" href="#">
    Open Modal Window
</a>
```

Schließungstag **Inhalt**   **Element**

HTML, CSS, JavaScript Benennung

Eine allgemeine Regel für alle Benennungen besteht darin, alle Zeichen in Kleinbuchstaben zu schreiben und Bindestriche anstelle von Leerzeichen zwischen Wörtern zu verwenden. Wenn Sie Leerzeichen verwenden, enthält Ihre URL% 20, was in gedruckter Form schwer zu lesen ist.

HTML

- Kleinbuchstaben
- Vermeiden Sie Inline-Stile
- Um schnell zu scannen, schreiben Sie zuerst Klassen
- Schließen Sie immer HTML-Tags ein
- Verwenden Sie einen Ausweis nur, wenn dies unbedingt erforderlich ist

Beispiel

```
<div class="btn btn-default"
id="bt-action"></div>
```

CSS

- Kleinbuchstaben mit Bindestrichen
- zwischen Wörtern
- Möglichst kurz, ohne die Lesbarkeit zu beeinträchtigen. Vermeiden Sie Namen wie .s usw.
- Präfixklassen basierend auf der nächstgelegenen Eltern- oder Basisklasse.

Beispiel

```
.btn {}
.btn-primary {}
#btn-action {}
```

JavaScript

- camelCase
- Möglichst kurz, ohne die Lesbarkeit zu beeinträchtigen. Vermeiden Sie Variablen wie var a usw.
- jQuery-Objekte sollten mit $ als Präfix beginnen. Dies hilft Ihnen, sich daran zu erinnern, welche Variablen Objekte sind.

Beispiel

```
var $ctaBtn = $("#btn-action");
$ctaBtn.fadeIn("slow");
```

BootstrapCreative

Dinge, die ich gerne früher gewusst hätte

Erkennen und akzeptieren Sie gemeinsame Seitenverhältnisse (21: 9, 16: 9, 4: 3, 3: 2).

Beim Erstellen von Layouts platzieren Sie häufig Videos und Bilder in festgelegten Proportionen. Ihr Design wird stimmiger, wenn Sie diese Proportionen für andere Elemente wie Karussellbilder und Produktbilder verwenden.

Ein gutes Design garantiert keine guten Ergebnisse.

Entwerfe und teste für die Mehrheit der Benutzer und konzentriere dich darauf, dass es dort zuerst eine großartige Erfahrung wird. Verwenden Sie Tools wie Google Analytics und Hotjar, um zu überwachen, wie Benutzer Ihre Website verwenden, und nach Möglichkeiten zu suchen, um die Verwendung zu vereinfachen. Wenn Sie diese Tools noch nie verwendet haben, werden Sie überrascht sein, dass Ihr ansprechendes Design nicht die Ziele erreicht, die Sie sich zum ersten Mal vorgenommen haben.

Ihr Kunde oder Vorgesetzter könnte Ihr Design beim Start lieben und drei Monate später fragen Sie, warum sie für eine bestimmte Keyword-Phrase keine Leads erhalten oder nicht auf Platz 1 stehen.

Additional Reference

In GitHub-Projekten können mehrere Versionen von Dateien in einem Ordner namens "branches" auf Ihrem Computer gespeichert sein.

Wenn Sie mit GitHub Desktop zwischen Zweigen wechseln, werden die Dateien automatisch in den neuen Zweig geändert. Dies war eine mentale Veränderung für mich, da ich es gewohnt war, verschiedene Versionen von Projekten in verschiedenen Ordnern auf meinem Computer zu haben. Ich hatte auch Angst, etwas zu verlieren oder zu überschreiben.

Das Entwerfen und Erstellen reaktionsfähiger Websites erfordert das Dreifache der Zeit und des Aufwands einer statischen Desktopsite.

Stellen Sie sicher, dass Sie nach Abschluss des ersten Builds Zeit für die Qualitätssicherungstests einplanen. Responsive Design erfordert das Buy-In von Designern, Entwicklern, Autoren und Führungskräften.

Versagensgefühle sind normal.

Egal wie viel ich lerne, ich werde immer Zeiten haben, in denen ich Minderwertigkeitsgefühle verspüre. Manchmal wird mir ein neues Projekt zugewiesen und ich kann es nicht herausfinden. Alles, was ich versuche, funktioniert nicht und ich habe jede Google-Suche erschöpft, die mir einfällt. Je länger das Problem ungelöst bleibt, desto schlimmer fühle ich mich. Dann stelle ich mir die Frage: "Wie können Sie Entwickler werden, wenn Sie das nicht lösen können?" oder "Ihr Chef wird Sie für einen Betrug halten und Sie entlassen, weil Sie nicht wissen, wie Sie das lösen sollen." Klingt bekannt?

Was mir geholfen hat, ist mehr Zeit zum Lernen zu lassen. Oft zwang ich mich, am Ende des Tages oder vor dem Mittagessen etwas zu lösen. Manchmal dauert es einfach länger, um das Problem zu lösen, mit dem wir konfrontiert sind. Machen Sie eine Pause und tun Sie etwas, das nicht mit dem Computer zusammenhängt. So oft habe ich einen ganzen Tag lang mit Code zu kämpfen gehabt und war so hartnäckig, anzuhalten, bis er repariert wurde. Wenn ich dann endlich eine Pause machte, kam ich zurück und fand die kleinste Sache, die das Problem verursachte. Wie ein Punkt anstelle eines Kommas. : /

Beste Methoden für CSS Code

- Versuchen Sie, die Eigenschaften in dieser Reihenfolge aufzulisten: 1. Positionierung, 2. Boxmodell (Anzeige, Float, Breite usw.), 3. Typografie (Schriftart, Zeilenhöhe), 4. Grafik (Hintergrund, Rahmen, Deckkraft), 5. Verschiedenes (CSS3-Eigenschaften)

- Jeder Regelsatz mit mehreren Deklarationen sollte in separate Zeilen aufgeteilt werden, da Syntaxfehler bei Zeilennummern schwer zu finden sind.

- Verwenden Sie Soft-Tabs, die auf zwei Leerzeichen festgelegt sind, und setzen Sie die Codierung auf UTF-8

- Wenn Sie mehrere CSS-Dateien verwenden, teilen Sie diese stattdessen nach Komponenten auf

- der Seite.

- Halten Sie Medienabfragen so nah wie möglich an den relevanten Regelsätzen. Bündeln Sie sie nicht alle in einem separaten Stylesheet oder am Ende des Dokuments.

- Verwenden Sie @import nicht, da dies das Laden der Seite verlangsamt.

- Platzieren Sie schließende Klammern von Deklarationsblöcken in einer neuen Zeile.

- Beenden Sie alle Deklarationen mit einem Semikolon, um Fehler zu vermeiden.

- Kleinschreibung aller Hex-Werte. Zum Beispiel #fff anstelle von #FFF.

- Vermeiden Sie die Angabe von Einheiten für Nullwerte. Beispiel: margin: 0; statt Rand: 0px ;.

Inspired by Code Guide by Mark Otto: http://codeguide.co/

Design Inspiration

- **Bootstrap Expo**
  https://expo.getbootstrap.com/
- Built With Bootstrap
  http://builtwithbootstrap.com/
- Wrap Bootstrap
  https://wrapbootstrap.com/
- Official Bootstrap Themes
  https://themes.getbootstrap.com/
- AWWWARDS
  https://www.awwwards.com/websites/
  responsive-design/
- Media Queries
  https://mediaqueri.es/
- Pattern Tap
  http://zurb.com/patterntap
- CodePen Pattern Library
  http://codepen.io/patterns/
- Building Blocks
  http://foundation.zurb.com/building-
  blocks/

HTML Referenz

- **Mozilla HTML Reference**
  https://developer.mozilla.org/en-US/docs/
  Web/HTML
- HTMLReference.io
  https://htmlreference.io/

CSS Referenz

- **Mozilla CSS Reference**
  https://developer.mozilla.org/en-US/docs/
  Web/CSS/Reference
- **CSS-Tricks Almanac**
  https://css-tricks.com/almanac/
- **Can I Use?**
  https://caniuse.com/
- **CSSreference.io**
  https://cssreference.io/

JavaScript Reference

- **Mozilla JavaScript Reference**
  https://developer.mozilla.org/en-US/docs/
  Web/JavaScript/Reference
- **jQuery Documentation**
  https://api.jquery.com/

Bootstrap Referenz

- **Bootstrap 4 Classes Reference**
  https://bootstrapcreative.com/resources/
  bootstrap-4-css-classes-index/
- **Bootstrap 3 Classes Reference**
  https://bootstrapcreative.com/resources/
  bootstrap-3-css-classes-index/
- **Official Bootstrap Documentation**
  http://getbootstrap.com/
- **Bootsnip - Bootstrap Code Snippets**
  https://bootsnipp.com/

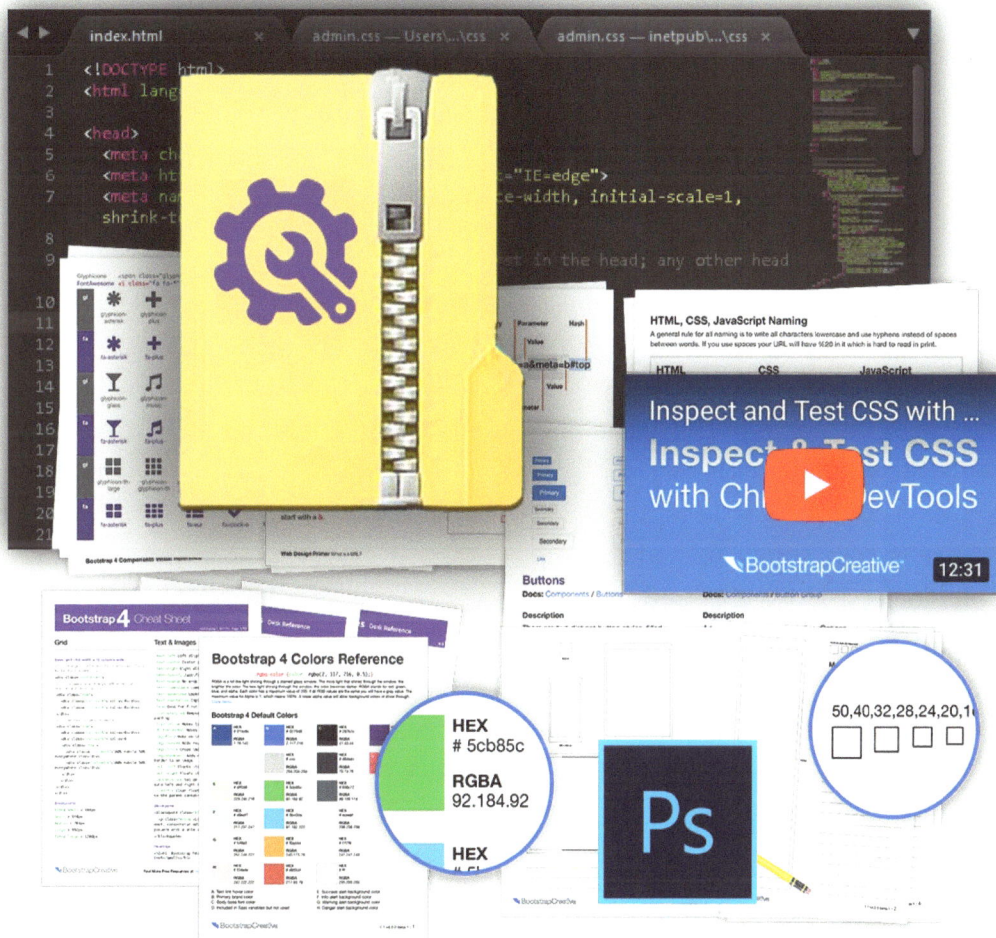

Bootstrap-Snippets und UI-Beispielbibliothek

Eine Sammlung von Codefragmenten, mit denen Sie Komponenten schnell anpassen können. Beinhaltet das notwendige HTML, CSS und JS, das Sie in Ihrem Projekt implementieren müssen.

https://bootstrapcreative.com/pattern/

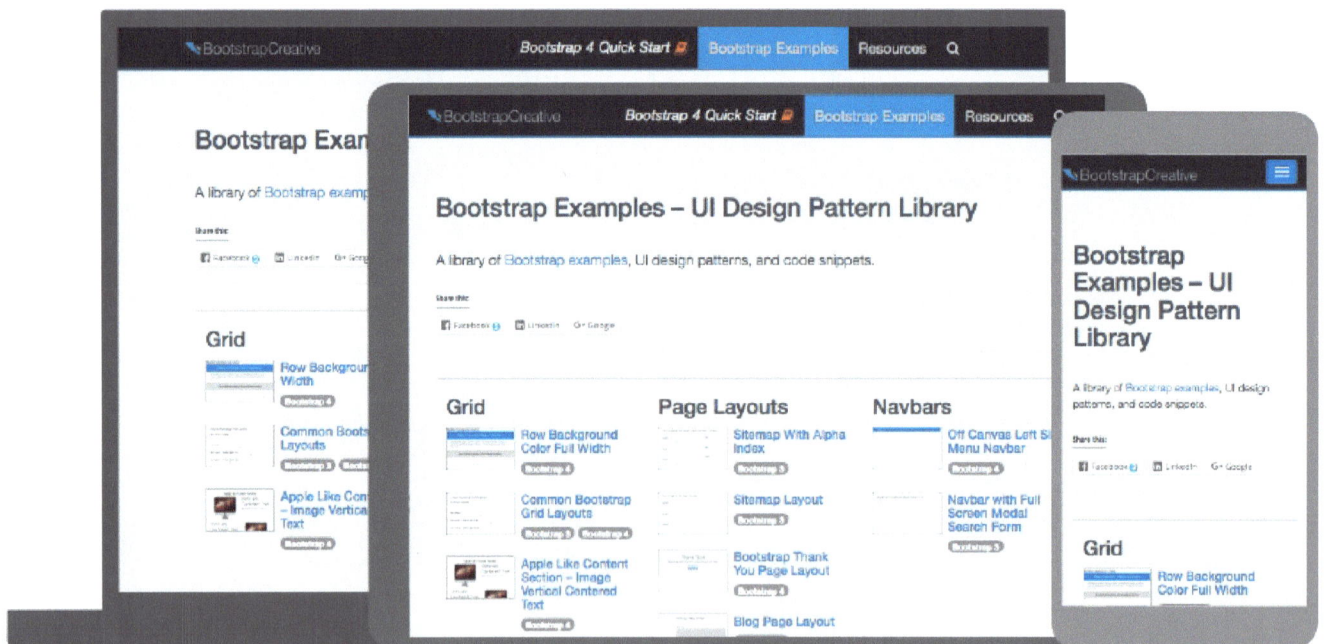

Notes

Vielen Dank!

Ich hoffe, Sie haben dieses Bootstrap-Referenzhandbuch hilfreich und informativ gefunden.

Lassen Sie uns gemeinsam ein responsives Web erstellen!

Melden Sie sich an, um kostenlose Buchaktualisierungen und zukünftige Schulungen zu erhalten.

https://bootstrapcreative.com/signup

Finden Sie einen Fehler? Oder haben Sie einen Vorschlag, wie dieses Buch verbessert werden könnte?

Bitte wenden Sie sich an support@bootstrapcreative.com